POR UM CURRÍCULO SEM FUNDAMENTOS

Dados Internacionais de Catalogação na Publicação (CIP)
(Câmara Brasileira do Livro, SP, Brasil)

Lopes, Alice Casimiro
Por um currículo sem fundamentos / Alice Casimiro Lopes. – São Paulo : Cortez Editora, 2025.

Bibliografia.
ISBN 978-65-5555-616-2

1. Currículos - Avaliação 2. Currículos - Brasil 3. Democracia - Brasil 4. Educação e Estado - Brasil I. Título.

25-300961.0 CDD-375.006

Índices para catálogo sistemático:

1. Políticas de currículo : Educação 375.006

Cibele Maria Dias - Bibliotecária - CRB-8/9427

Alice
Casimiro
Lopes

POR UM CURRÍCULO SEM FUNDAMENTOS

São Paulo – SP

2025

CORTEZ EDITORA

CAPES

MINISTÉRIO DA EDUCAÇÃO

GOVERNO DO BRASIL
DO LADO DO POVO BRASILEIRO

POR UM CURRÍCULO SEM FUNDAMENTOS
Alice Casimiro Lopes

Direção editorial: Miriam Cortez
Coordenação editorial: Danilo A. Q. Morales
Assistente editorial: Amarílis Oliveira
Preparação de originais: Agnaldo Alves
Revisão: Ana Paula Luccisano e Tatiana Tanaka
Projeto gráfico e diagramação: Linea Editora
Capa: de Sign Arte Visual

Direitos para esta edição
CORTEZ EDITORA
Rua Bartira, 317 — Perdizes
05009-000 — São Paulo — SP
Tel.: (11) 3864-0111
e-mail: editorial@cortezeditora.com.br
www.cortezeditora.com.br

Impresso no Brasil — outubro de 2025

AGRADECIMENTOS

Este livro é também resultado das interlocuções propiciadas pelo projeto de internacionalização *Políticas de Currículo*, por mim coordenado e desenvolvido entre 2019-2024, com apoio do Programa Capes Print 2018. Agradeço muito as conversas e discussões com Alícia de Alba, Ana Laura Gallardo, Angel Díaz Barriga, Bertha Orozco, Concepción Barrón e Frida Díaz-Barriga Arceo (Universidad Nacional Autónoma de México, México), Antonio Gómez Villar (Universidad de Barcelona, Espanha), Carmen Burgos (Universidad de Atacama, Chile), Carlinda Leite e Preciosa Fernandes (Universidade do Porto, Portugal), Daniel Friedrich e Janet Miller (Columbia University, Estados Unidos), Daniel Johnson (Universidad de Chile, Chile), Gloria Perelló e Paula Biglieri (Universidad de Buenos Aires, Argentina), Jason Glynos (University of Essex, Reino Unido), José María García Garduño (Universidad Autónoma de la Ciudad de México, México), Molly Quinn (Louisiana State University, Estados Unidos), Silvia Morelli (Universidad Nacional de Rosário, Argentina) e William Pinar (Columbia University, Canadá), que de modos diferentes contribuem para minhas pesquisas. Assim, outra das motivações para este livro é uma prestação de contas dos recursos investidos na internacionalização das pesquisas da linha de *Currículo: sujeitos, conhecimento e cultura*, do Programa de Pós-graduação em Educação da Universidade do Estado do Rio de Janeiro (ProPEd Uerj).

Foi também com o apoio da Capes que se viabilizou a vinda de Ernesto Laclau e de Chantal Mouffe à Uerj, por meio da qual foi aprofundada uma interlocução igualmente muito importante com Anna Luiza Oliveira e Gustavo Oliveira (Universidade Federal de Pernambuco, PE), Daniel de Mendonça (Universidade Federal de Pelotas, RS) e Joanildo Burity (Fundação Joaquim Nabuco, PE).

A esses pesquisadores e pesquisadoras se somam, nas parcerias e discussões, os integrantes da linha de pesquisa *Currículo: sujeitos, conhecimento e cultura*, do ProPEd Uerj, além de alunos e alunas de iniciação científica, mestrado, doutorado e pesquisadores/as do grupo *Políticas de Currículo e Cultura* (www.curriculo-uerj.pro.br).

A todas, todes e todos, agradeço a amizade e a possibilidade de debate.

Não poderia deixar de registrar, contudo, que, a mais que todas, todes e todos, agradeço à Elizabeth Macedo, com quem há anos, entre equivalências e diferenças, com amizade, mantenho interlocução constante sobre essas e outras questões curriculares.

A luta contra as formas de subordinação não pode ser o resultado direto da própria situação de subordinação.

Chantal Mouffe, *Por um populismo de esquerda*

[...] todo ato é um ato de reconstrução, o que significa dizer que o criador buscará em vão o sétimo dia de descanso.

Ernesto Laclau, *New reflections on the revolution of our time*

Escrever coisas imediatamente traduzíveis é não escrever e não convocar à tradução.

Jacques Derrida, *Fidelidade a mais de um*

SUMÁRIO

- Sobre a teoria e as motivações para escrever 11
- Articulando a desconstrução e a teoria do discurso na política de currículo 25
- Desconstruindo a política como projeto de futuro de uma comunidade plena 61
- Representatividade e democracia na política de currículo... 83
- Normatividade e investimento radical na política de currículo 95
- Conclusões: por um currículo sem fundamentos 127
- Referências 141
- Sobre a autora 157

SOBRE A TEORIA E AS MOTIVAÇÕES PARA ESCREVER

A cada projeto de pesquisa que tenho desenvolvido, venho me dedicando a um conjunto específico de ações políticas de currículo. Tais ações são investigadas em um *corpus* teórico-estratégico que, ao mesmo tempo que mantém questões inesgotáveis, modifica-se pelas novas conclusões que vão sendo incorporadas, tanto pela minha pesquisa específica quanto pelas conclusões das investigações do grupo Políticas de Currículo e Cultura.

As principais conclusões elaboradas nos projetos finalizados até 2011 foram organizadas em livros individuais ou com parceiras do grupo (Lopes, 2008; Lopes; Dias; Abreu, 2011). Posteriormente, em outras inflexões teóricas, as questões que nortearam as investigações foram amplamente difundidas em artigos e capítulos de livros, alguns deles no exterior. Não geraram, contudo, um livro, de forma a permitir mais facilmente as inter-relações de ideias e facilitar o estudo dos argumentos que vêm sustentando minhas opções teórico-políticas. Essa possibilidade de um estudo mais articulado das principais teses que têm orientado meu trabalho investigativo é um dos primeiros motivos que me levaram a escrever este livro.

Na perspectiva pós-estrutural e pós-fundacional com a qual opero, não há um registro de verdade que implique uma teoria obrigatória, ainda que existam relações de poder, potencializadoras de circunstâncias e saberes, favorecendo algumas leituras em detrimento de outras. Faço referência ao poder no enfoque foucaultiano. Nesse enfoque (Foucault, 2014; Laclau, 2011), não existe um único centro de poder verticalizado, na medida em que não existe uma estrutura que sustente posições fixas no social. O poder remete a relações e à possibilidade de produzir, de gerar efeitos, discursos, teorias.

Tais teorias nos permitem valorizar e dar visibilidade a certas questões, minimizando ou invisibilizando outras. Considerando a não existência de estruturas ou fundamentos fixos para a pesquisa, para a política, para o currículo, como argumento ao longo deste livro, não há métodos definitivos nem consensos teóricos. As ações políticas, nas teorias investigativas e na produção curricular, estão em constante mudança, seus efeitos são apenas parcialmente controláveis, uma vez que as ações são realizadas em múltiplos contextos e situações.

Não existindo uma teoria obrigatória, torna-se ainda mais crucial justificar as escolhas teóricas e estratégicas realizadas, publicizá-las, favorecendo o debate mais amplo, ao mesmo tempo reafirmando o quanto tais escolhas são dependentes das contingências da trajetória de pesquisa (Lopes, 2023). Este é um segundo motivo pelo qual justifico o investimento neste livro.

Ernesto Laclau e Chantal Mouffe são os autores que mais me inspiram a investigar as políticas de currículo desse modo. A política educacional e curricular nunca fez parte do foco de interesses dos dois, o que não impede, pela ampla e imprevisível citação de textos, que sua obra seja lida e reconfigurada na educação, por mim e por tantos outros autores e autoras, no Brasil e no exterior. Menciono apenas, a título de exemplo, as produções de Alba (2007), Carusi (2025), Carusi e Szkudlarek (2020), Clarke (2014), Morelli (2024), Peters e Alba (2015) e Szkudlarek (2017).

Tal como esses autores, não estou orientada pela pretensão de aplicar Laclau e Mouffe à teoria curricular, como se sua teoria do discurso fosse um conjunto de princípios gerais de uma metodologia de pesquisa da política. Ler a teoria do discurso, e com ela teorizar e investigar as políticas de currículo, exige uma articulação de suas noções com as teorias educacionais, com a tradição do pensamento pedagógico, assim como exige uma leitura cuidadosa, visando entender o porquê das opções escolhidas pelos autores, as articulações teóricas que possibilitaram a produção de sua obra.

Foi com essa preocupação que comecei o estudo da desconstrução[1] em Derrida, guiada pela problemática proposta pela teoria do discurso de Laclau e Mouffe, com foco na política na qualidade de ontologia do social. De certa forma, esta é uma leitura que se quer rigorosa e atenta, mas que pode soar a muitos como um tanto desrespeitosa. Ou talvez só seja uma leitura porque assume certo desrespeito em relação ao texto lido (Bennington, 2004a).

Considero que não só Derrida permite entender Laclau e Mouffe mais precisamente, como também a teoria do discurso permite reafirmar o sentido político de Derrida. Concordo com Bennington (Bennington; Derrida, 1996, p. 161) quando ele afirma que "[...] a desconstrução é o mais radicalmente político dos discursos". Na defesa desse sentido político da desconstrução, Bennington (2000) refere-se a certa ingenuidade da esquerda que cobrava de Derrida que "abrisse o jogo" sobre a política e o fazia sob certos raciocínios esquemáticos, esperando não um debate ou compromisso político, mas a mera escolha de um lado no jogo entre esquerda e direita. Com essa cobrança, era desconsiderado que a política é um conceito metafísico que, para ser desconstruído, tem que ser interpretado por meio de noções não metafísicas[2].

---

1. Apesar de Derrida (2001b) preferir que a desconstrução seja dita no plural, opto por usar o termo no singular, como é mais usual, inclusive nos textos dele e de seus comentadores. Tal como muitos outros termos aqui usados, o plural pode ser lido como incorporado ao significante.

2. Conceitos não são metafísicos ou não metafísicos em si mesmos, pois implicaria a aceitação de que alguns significantes estão limitados a uma denotação. Como explica Bennington (2004b), quando Derrida fala de conceitos metafísicos, ele se refere ao vínculo de determinados significantes com certa tradição. Assim, é possível realizar traduções não metafísicas de "conceitos metafísicos", mas essa será a tradução de determinada tradição. O mesmo Bennington discute como tal leitura vale para o próprio termo "interpretação", muito usado por Derrida, mas que não remete a nenhuma ideia de compreensão plena.

A radicalidade de Derrida em relação ao político justamente se deve ao fato de seu trabalho não ser uma repetição das tradições metafísicas desse conceito. Trazendo o próprio Derrida quando discute a questão do signo, "[...] é preciso ao mesmo tempo *marcar* e *afrouxar* os limites do sistema no qual esse conceito nasceu e começou a servir, arrancando-o, assim, até certo ponto, de seu próprio solo" (Derrida, 2001a, p. 23). Laclau e Mouffe seriam então os autores, na afirmação de Bennington (2000) e do próprio Derrida (1994), que trabalharam nessa direção, no que concerne à política.

A discussão política em Derrida se faz por movimentos filosóficos que não se propõem a produzir um sistema, um modelo, um método ou um projeto fundamental, e tampouco se propõem a destruir qualquer outro projeto filosófico. Esse movimento de Derrida, ao desconstruir teleologias e hierarquias, ao teorizar sobre o diferir e sobre a relação com o outro, ao possibilitar o entendimento de como lidamos com espectros — que são menos de um, mais de um e "o mais" de um (Derrida, 1994) — de tradições de pensamento, abriu a política radicalmente para a experiência do impossível, levando a que se considere seriamente "[...] o que acontece e as diferenças de toda ordem, a começar pelas dos contextos" (Derrida, 2004, p. 287). Como discurso que se expõe ao outro (Caputo, 2018), a desconstrução provê nossa melhor proteção contra as ameaças da tirania, do totalitarismo, das imposições de toda ortodoxia e do terror na política.

Em minha leitura, a teoria do discurso de Laclau e Mouffe reafirma esse sentido político da desconstrução, justamente por desconstruir o marxismo, um dos discursos centrais da modernidade na constituição — tanto por aqueles que o defendem quanto pelos que o rechaçam — da noção de política. O marxismo é uma herança, minha herança e de muitos na educação no Brasil, sempre traduzida, envolvendo usos, recepção crítica, interpretações e experiências, que também são interpretações (Derrida, 1994). Nem que se queira, é possível desconsiderar ou renegar uma herança, ao mesmo tempo que é impossível recebê-la tal e qual (Pinto; Lopes, 2021; 2024). Ainda assim, não se escolhe uma herança, mas se escolhe a possibilidade de exercer sua crítica: a "[...] responsabilidade política começaria [começa] na recepção ativa e crítica de uma herança" (Bennington, 2004b, p. 211).

Laclau, com quem convivi como acadêmico e amigo desde 2011 até seu falecimento em 2014, não deixava de sonhar, como muitos de nós sonhamos, com um horizonte universal para a esquerda — um nome sedimentando tradições constantemente deslocadas —, capaz de se antagonizar com o horizonte discursivo neoliberal, articulando demandas particulares diferenciais. Não supunha tal processo como uma luta revolucionária emancipatória. Tampouco acreditava em um ato instituinte de uma transformação social por mais justiça e igualdade, alcançada de uma vez por todas. Defendia a ideia de uma democracia por vir nunca alcançada, à maneira derridiana, e questionava o messianismo da esquerda. Investia na possibilidade de ampliação dos centros de poder, visando a esse projeto, nunca plenamente realizado, de uma comunidade de esquerda sem comunhão.

Tal sonho permanece se mostrando mobilizador de muitas ações na atualidade. Vários são os exemplos contemporâneos que sustentam a importância do investimento em tais lutas; a cada momento de leitura deste texto, é possível remeter à dor mais profunda causada pelas injustiças sociais, morte e aniquilamentos em vida, opressões de toda ordem, hoje e no passado. Mas o sonho de transformação visando superar essa dor pode também ativar processos que operam com fixações e sedimentos como se fossem estáveis, em nome de uma dada estratégia autoritária e igualmente dolorosa, capaz de subjugar o outro.

É por meio das teorias de Derrida, Laclau e Mouffe que tenho, então, operado com discussões sobre a normatividade vazia, as noções de sujeito e de comunidade descentrados, a crítica da racionalidade e a desconstrução na política de currículo, tentando desconstruir fixações e sedimentos que tendem a bloquear possibilidades mais democráticas, abertas ao diferir e ao investimento radical na política educativa. Como tal, a teoria do currículo não se afasta dos professores e da prática nas escolas; ao contrário, pode contribuir para sua maior aproximação. Não pela via fácil de uma teoria que se supõe acessível a todos, transparente e evidente, sem exclusões, mas por meio de uma teoria que concebe a prática como inserida na política.

Particularmente no currículo e na educação, tenho questionado políticas que se fazem em nome da promessa de igualdade do direito de acesso ao conteúdo considerado "essencial" e da construção de um futuro pré-programado. Penso que, assim, desconsideram a produção situada do currículo nas escolas e desvalorizam a expressão singular dos sujeitos da educação.

Uma das expressões dessa desvalorização é o apoio conferido às políticas de centralidade curricular, tal como a da Base Nacional Comum Curricular (Brasil, 2018a; 2018b) e da reforma do ensino médio a ela associada, por parte dos pais e responsáveis, bem como por escolas, docentes, políticos, especialistas e o público em geral. O discurso de um currículo comum, via "implementação" da BNCC, vem se tornando uma tentativa de apagar conflitos políticos contextuais, produzidos em relações contingentes. Tal tentativa minimiza as possibilidades de uma política curricular radicalmente democrática, foco também das discussões neste livro.

O impacto dessas orientações centralizadas é significativo, tal como foi o impacto dos Parâmetros Curriculares Nacionais (Brasil, 1999) e, em menor medida, das Orientações Curriculares Nacionais (Brasil, 2006). Especialmente porque tais orientações são articuladas a políticas de avaliação (Frangella; Queiroz, 2023; Pereira, 2023) e são difundidas em redes políticas (Araújo; Lopes, 2021, 2023a, 2023b) que investem em tornar a centralização curricular sinônimo de qualidade da educação.

Um exemplo desse processo pode ser identificado na difusão do discurso de "sobralização da educação"[3], por referência ao município de Sobral, Ceará, usado como símbolo de sucesso na aprendizagem.

---

3. Ver, por exemplo, *links* disponíveis em: https://www.facebook.com/watch/?v=507082286431525; https://www.instagram.com/p/CedtZE5u_If/; e https://veja.abril.com.br/educacao/camilo-nomeia-quadros-tecnicos-para-mec-e-consolida-modelo-do-ceara/. Acessos em: 18 maio 2025.

Na fantasia de ser possível hegemonizar esta política particular no país, são apagadas as contingências das práticas nesse município específico e as dificuldades de sua eventual replicação no país, bem como é desconsiderada a contextualização radical de toda política.

Tenho igualmente defendido que a normatividade curricular instituída por políticas centralizadas não está imune às disputas político-discursivas que vêm constituindo subjetivações no cenário educacional. Qualquer texto político é um texto que tenta responder, de algum modo, a disputas políticas. Sua apropriação pelas práticas escolares remete a novas traduções — imprevistas e controláveis apenas de forma mais ou menos limitada, em função de relações de poder situadas.

Por sua vez, a política, na forma tradicional como é usualmente abordada, anseia por inteligibilidade, previsibilidade e certeza (Clarke, 2018). Isso faz com que muitas ações governamentais, extragovernamentais e mesmo as distantes das relações com o governo busquem controlar ou mesmo bloquear a tradução das propostas apresentadas às escolas, assim como se busca apagar — não necessariamente de forma racional ou premeditada — as marcas das decisões realizadas na contingência. Ao mesmo tempo, tais ações políticas não são restritas ao país. São submetidas a influências e pressões de um cenário internacional que produz políticas de currículo em outros países e mesmo transnacionalmente.

Em alguns de meus trabalhos de pesquisa anteriores (Lopes *et al.*, 2008), a globalização foi uma noção pela qual investiguei as relações de poder que operavam para além dos Estados-nação e as dimensões culturais locais que tornavam vernacular qualquer globalização. Acompanhava Appadurai (2001) em sua compreensão da globalização como fenômeno associado à aceleração de fluxos disjuntivos, através da ação das novas tecnologias da informação e comunicação. Os fluxos caracterizariam os movimentos constantes de ideias, ideologias, pessoas, imagens, tecnologias, concebidas provisoriamente como estruturas ou organizações estáveis, devido à incapacidade dos nossos dispositivos em identificar e lidar com o movimento. Esses fluxos, segundo o autor indiano, não são convergentes, não têm a mesma direção, velocidade, origem e mantêm apenas relações disjuntivas entre si. Dessa forma, a globalização produziria problemas que se manifestam localmente, mas que não se limitam ao local.

Em outras palavras — e outras palavras são significantes que remetem a suplementos e iterações —, tais fluxos, movimentos, instabilidades e hibridismos sempre existiram e não devem ser considerados como perda de sentido ou de identidades (Laclau, 2011). Nossas formas de investigar, interpretar e assim construir o mundo foram feitas através de estruturas que tentavam fixar, fotografar, conter o movimento, fantasiar a ideia de uma estrutura sólida e centrada, capaz de sedimentar os sentidos em formas não fluidas. Estruturamos uma ordem estável em um mundo que só poderia ser interpretado admitindo a disseminação de sentidos e o descentramento.

Lingard (2020) continua a contribuir para as discussões sobre a globalização e tem enfatizado como, nesse contexto, tem havido a transnacionalização dos discursos políticos e a cosmopolitização dos atores políticos. Por transnacionalização, Lingard se refere aos fluxos globais de ideias políticas, enquanto a cosmopolitização se refere às disposições globais dos decisores políticos. Ao mesmo tempo, Lingard continua a acompanhar Stephen Ball, ao afirmar que a educação é uma questão tanto de política regional e global quanto de comércio internacional. Tal interpretação se coaduna com a ideia de que o Estado-nação não perdeu sua força na educação, mas deve ser pensado como tendo uma autoridade complementada pela autoridade que resulta de organizações internacionais, seus acordos e, em particular, sua relação com as avaliações internacionais em grande escala.

O próprio Lingard (2016), noutro texto mais antigo, mas ainda atual, salienta o quanto os Estados-nação justificam as reformas em seus sistemas escolares com base no desempenho comparativo do Programme for International Student Assessment (Pisa), a despeito de essas reformas serem estruturadas em imperativos políticos e ideologias internas. Nesse processo, destaca o autor, os meios de comunicação social são centrais na constituição das representações nacionais, relativas ao desempenho nas avaliações centralizadas internacionais, bem como relativas às reformas projetadas.

Tendo em vista tais relações, investigar o currículo, o pensamento curricular e as políticas curriculares vem obrigando a elaboração de registros teóricos que, ao levarem em conta as contingências da política e a contextualização radical do currículo, considerem os fluxos globais e as relações transnacionais. São esses processos relacionais que se interpenetram e nos subjetivam, particularmente no contexto neoliberal.

Afinal, a incorporação de novos mecanismos reguladores de um Estado no mundo global estabelece-se cada vez mais sob uma racionalidade neoliberal que vem nos constituindo, bem como constituindo relações interpessoais, em nome do que se tem chamado de economização da vida e do empreendedorismo-de-si. Como analisa Brown (2019), o neoliberalismo, ávido por distanciar a política dos mercados e permitir que a moralidade e o mercado governem e disciplinem os indivíduos, contribui para retirar a política de todas as esferas da vida cultural e social, demonizando o social e a democracia. Nesse processo, como discute a autora, a articulação entre as reivindicações neoliberais e as reivindicações ultraconservadoras desenvolve-se com efeitos catastróficos que parecem ser uma criação frankensteiniana sem precedentes.

Uma das formas predominantes de pensar a política no registro neoliberal é aquela que tenta inserir uma lógica racional nos processos políticos, apagando os conflitos contextuais para investir em uma harmonia social concebida como necessária ao desenvolvimento econômico e à ascensão de indivíduos ajustados à sociedade. Essa perspectiva ignora o fato de que, por maiores que sejam as ações normativas, o indivíduo nunca se adapta plenamente à sociedade. Esse descompasso expressa uma divisão ainda mais profunda entre o universal e o particular: qualquer tentativa de identificar o sujeito universal com um sujeito histórico ou cultural particular falha diante do vazio constitutivo do sujeito (Clarke, 2018).

Laclau (1990; 2011) e Mouffe (2006; 2007) enfrentam essas questões em sua obra, articulando a noção de vazio do sujeito aos processos políticos conflituosos nos quais os atores sociais se movimentam e são subjetivados, nas relações incomensuráveis entre o particular e o universal. Nesse registro, eles defendem que o poder e o conflito não podem ser erradicados das relações sociais, teorizando sobre a importância de explorar antagonismos, deslocamentos e exclusões na política. Com isso, há um distanciamento de qualquer ideal de plenitude: de sentido, de sujeito ou de sociedade. Não porque haja conformismo frente ao poder e ao conflito, mas porque, ao assumirmos os conflitos e antagonismos e criarmos formas políticas agonísticas (Mouffe, 2006; 2007), nas quais convivemos com adversários admitindo seu direito à diferença e à vida, torna-se possível apostar em um horizonte democrático e conceber ações em direção a maior justiça social.

É também com esse horizonte que organizei os capítulos deste livro. Eles inter-relacionam as discussões teóricas que tenho feito nos últimos 15 anos e, se não dispensam a leitura dos artigos que apresentam pesquisas específicas, buscam ser uma forma para que diferentes conclusões sejam lidas em relação. Para tal, os capítulos não têm uma ordem de leitura obrigatória, assim como podem ser lidos separadamente. Mas sugiro a leitura pela ordem proposta, por considerar que, desse modo, será possível acompanhar com mais facilidade o registro teórico construído.

No primeiro capítulo, desenvolvo a articulação teórica entre a desconstrução de Derrida e a teoria do discurso de Laclau e Mouffe que realizo para investigar a política de currículo. Parto do argumento de que a teoria da hegemonia, como teoria do discurso, apresentada em *Hegemonia e estratégia socialista*, só foi possível ser realizada por Laclau e Mouffe ao incorporarem a desconstrução derridiana. Sem desconsiderar as diferenças entre esses autores e Derrida, ou mais precisamente a partir dessas diferenças, discuto por que considero importante essa articulação teórica para investigação da política, de modo que a interpretação de sedimentações e estabilizações políticas não apague o diferir atinente à tradução constante dos textos políticos em nome da transformação social no futuro.

No segundo capítulo, questiono a noção de que a política, para ser desenvolvida, precisa de um sujeito e uma comunidade coesos e direcionados aos mesmos propósitos. Defendo que tal discussão é importante para as políticas de currículo, na medida em que tais noções fixas de sujeito e de comunidade tendem a tornar o currículo um espaço-tempo de formação de subjetividades e identidades também fixas.

No terceiro capítulo, discuto as noções de democracia e de representação, problematizando o que se entende por política de currículo democrática. Defendo a possibilidade de representação democrática mesmo com relações híbridas entre representante e representado.

Por sua vez, no quarto capítulo, apresento minha discussão sobre o vazio normativo e o investimento radical como possibilidade de confronto com as tentativas de fixar conteúdos essenciais no currículo, frequentemente com base em uma perspectiva epistemológica de normatividade. Para tal, opto por uma interlocução com o pensamento de Michael Young e colaboradores, na medida em que suas discussões têm reforçado tanto argumentos dos que postulam a necessidade de maior atuação política e precisão na definição de um conteúdo crítico nas políticas curriculares quanto argumentos dos que buscam ampliar as normas sobre os conteúdos.

No último capítulo, como conclusão, organizo as ideias relativas ao que venho defendendo como um currículo sem fundamentos. Procuro explorar o impacto dessas discussões teóricas sobre a política no pensamento curricular. Reitero que permaneço buscando, na política de currículo, explorar a possibilidade do acontecimento, da singularidade, em vez de apostar no controle da interpretação, na tentativa vã de dizer aos muitos outros da escola como devem ser o currículo, o futuro e as identidades formadas. Talvez seja essa uma terceira motivação para a escrita deste livro.

Como procuro defender ao longo de todo livro, tal possibilidade de acontecimento se recria a cada encontro com o outro, não como necessidade, mas como um vir a ser. Se a tradução "[...] é um acontecimento que está sempre entre o intraduzível e o traduzível, e a leitura entre o legível e o ilegível" (Ottoni, 2005, p. 41), apostar no acontecimento é apostar na tradução dos textos das políticas curriculares, apostar na contextualização radical (porque sem determinismos ou garantias), aquela realizada na contingência das relações. Na pesquisa, estamos a todo tempo envolvidos em entender a política que possibilita a constituição de discursos capazes de bloquear o diferir constante do currículo e em reiterar que o que se supõe estabilizado é submetido à tradução. Em sintonia com Ottoni (2005), tentamos flagrar como outro o que é suposto ser o mesmo. Essa é uma das grandes dificuldades do trabalho de investigação, pois, na eventual opção por focalizar a instabilidade ou a estabilidade da significação, é possível minimizar, e mesmo desconsiderar, que essas dimensões estão constantemente imbricadas, constituem-se mutuamente.

Esta é, assim, uma construção teórica curricular que busca favorecer a interpretação dos textos curriculares sem recorrer à literalidade e sem desconsiderar os contextos. Diferentemente, busca apoiar práticas que visem à ampliação dos espaços de poder e à disputa política que pode fazer com o que os textos digam o que aparentemente não dizem. A insistência no controle da interpretação, nos registros normativos como se fossem mera aplicação de regras/leis, não interrompe as práticas identitárias, uma vez que a tradução opera em qualquer texto. Para se impor como lei, para exercer seu poder, um texto curricular propositivo — qualquer texto — precisa ser lido; sendo lido em determinadas relações contingentes, submete-se à tradução, que por sua vez não é puramente produção de outro sentido, algo que se suponha absolutamente original, como se fosse imune à norma. Operar com a tradução na teoria de currículo radicaliza a dimensão contextual de qualquer currículo. Defender que o currículo é uma produção contextual da escola se insere nessa aposta política na contextualização radical.

A meu ver, essa é a importância da teoria. Teorizar é como estar sempre se perguntando: Mas não poderia ser de outro modo? O que está possibilitando e sustentando a significação com a qual operamos e que nos subjetiva (nos faz seguir sendo identificados ou receber uma identificação como seres) de uma determinada maneira? Por que pensar desse modo que é apresentado como única possibilidade, como caminho universalizado e naturalizado, sem que sejam discutidas as condições contextuais que possibilitaram tal proposta?

Não se trata de assumir uma posição como certa ou errada em absoluto, criando um novo fundamento, mas tentar entender o que uma dada perspectiva viabiliza e o que bloqueia. Não é uma simples questão de deve ou não deve, pode ou não pode, mesmo quando se fala sobre deveres e poderes. Remete à problematização, provocar outras possibilidades de pensar, conceber outras maneiras de objetivar, desestabilizar discursos, sabendo que isso implica estabilizar outros discursos e, portanto, manter aberta a suspeição diante de toda estabilidade. Apostar nessa problematização teórica talvez seja, então, o maior motivo para a escrita deste livro.

Este livro tenta ser, por fim, a afirmação de que há muito espaço para desconstrução, tradução, negociação, disputa, fuga, criação e singularidade, se compreendermos a política no registro pós-estrutural e pós-fundacional. Este livro tenta ser também mais uma das minhas apostas em teorizar e simultaneamente atuar nas políticas de currículo, visando a registros democráticos e de justiça social, sem considerar que haja uma significação obrigatória e final para o que venha a ser justiça e democracia.

ARTICULANDO A DESCONSTRUÇÃO E A TEORIA DO DISCURSO NA POLÍTICA DE CURRÍCULO

A articulação teórica que desenvolvo entre a desconstrução de Derrida e a teoria do discurso de Laclau e Mouffe tem guiado minhas pesquisas mais recentes e vem sendo produzida a partir das problemáticas desdobradas nessas mesmas pesquisas. Em tal articulação, não estou desconsiderando as diferenças entre esses projetos teóricos. Enquanto Derrida enfatiza a desconstrução da metafísica e a instabilidade do vir a ser de qualquer significado e qualquer identidade, por intermédio de noções, tais como tradução, desconstrução, disseminação, *différance* e suplemento, Laclau e Mouffe estão preocupados com a construção da impossível ordem político-social como hegemonia de um discurso estabilizado precária e contingencialmente, marcado pela instabilidade do diferir e pela primazia do político.

Essas diferenças são importantes para as discussões que realizo, especialmente no que concerne à subjetivação. Laclau salienta a indecidibilidade estrutural, mas está preocupado com o sujeito da decisão, em diferimento constante na contingência. O sujeito, na interpretação de Laclau (2011), é um precipitado das articulações discursivas, efeito de uma decisão tomada em terreno indecidível. Na metáfora do precipitado, dois sentidos se associam: a sedimentação e a decisão na urgência. Toda subjetivação, na ação política, foco preferencial do autor, é discursiva, remetendo à tentativa de significar, indeterminada e sem uma racionalidade que a oriente, daí ser indecidível e política (só é política porque é indecidível).

Derrida, por sua vez, evita a todo tempo considerar que a decisão seja capaz, em algum momento, de constituir um sujeito, uma identificação que possa perdurar. Concorda com Laclau (Derrida, 1998) em relação à necessidade de identificação, desde que ressaltado seu vínculo com a desidentificação: toda subjetivação só pode ser pensada se for seguida de uma dissolução do sujeito criado. Insiste na necessidade de que seja ressaltado como tal identificação só é capaz de conceber uma comunidade ou um sujeito em processo de vir a ser: a identificação do sujeito, mesmo quando necessária, é impossível. Esse ponto é traduzido por Laclau e Mouffe (2015) como uma comunidade apenas universalizada precariamente pelo antagonismo, sem uma propriedade ou representação objetiva.

Tal diferença entre as noções de sujeito desses autores se deve, a meu ver, a seus diferentes focos de interesse. Laclau se preocupa em entender as relações contingentes que facultam uma sociedade, mesmo impossível como unidade, existir de forma antiessencialista. Nesse caso, forma-se uma comunidade sem comunhão ou uma comunidade da diferença (Siscar, 2011). Mouffe (2000; 2020), por sua vez, aprofunda a crítica às tentativas neoliberais de apagar antagonismos políticos, considerando que isso inviabiliza a construção de formas de convivência agonística e fomenta mais violência. Derrida, com outra problemática, está preocupado em salientar a tradução, a disseminação, o livre fluxo que faculta as singularidades, a responsabilidade e a hospitalidade, na constante relação com a alteridade.

É, então, salientando tais diferenças que concebo a investigação apoiada nesses autores, uma vez que, inspirada em Laclau, configuro a articulação como possibilidade de equivalência (nunca igualdade) no diferimento. Tal articulação passou também a ser considerada por mim, nas pesquisas em políticas de currículo, na medida em que a noção de tradução em Derrida tornou-se central para expressar o deslocamento produzido nas tentativas de colocar em prática uma dada política.

A desconstrução, como enfatiza Derrida (2005), busca não ser a destruição heideggeriana, ao mesmo tempo que enfatiza a possibilidade de, simultaneamente, ser estruturalista, porque nunca se parte do nada, e antiestruturalista, porque voltada a desfazer, descompor e dessedimentar as estruturas. A tradução, nesse mesmo movimento, não é uma duplicação derivativa do original: "[...] a tradução liga-se à gênese do conhecimento de maneira originária [...] constitui uma passagem ao discurso" (Siscar, 2000). É com essas noções que questiono a ideia de que colocar uma política em prática seja apenas um processo mimético, capaz de apagar as próprias dimensões políticas ou restringir tais dimensões à participação direta na produção do texto escrito. Como exploro ao longo deste livro, a tradução de textos políticos curriculares reativa disputas, tornando possível, mais uma vez, o jogo político democrático pelo qual se tenta ampliar espaços de poder.

A tradução não é uma noção enfatizada por Laclau, mas pode ser associada aos processos diferenciais, aos jogos de linguagem e ao hibridismo, noções centrais em sua obra. Para Laclau (2011), a produção política se realiza na contingência: é o caráter contingente das práticas políticas que expressa a indeterminação da estrutura, a não fixidez identitária, a impossibilidade de controle da interpretação.

Tal conexão realizada pela teoria do discurso exige relacionar a contingência não apenas com a possibilidade de uma identidade ser diferente do que é (identidades que não são necessárias, mas também não são impossíveis). Como discute Marchart (1999), torna-se necessário a qualquer identidade que não haja nenhuma necessidade de que seja de um determinado modo, ao mesmo tempo que não seja impossível esse modo de ser. Trata-se de uma radicalização da contingência pela ligação intrínseca entre a possibilidade de ser de uma identidade e a impossibilidade de ser plenamente. É essa radicalização que confere às identidades uma falta que lhes é constitutiva.

É a experiência da falta, por sua vez, expressa pelas demandas postas em jogo, que mobiliza o preenchimento dessa falta por uma dada ação política. Mas como a falta é constitutiva e envolve demandas conscientes e inconscientes, a plenitude identitária nunca é alcançada, nunca cessa a disputa política pela identificação.

A meu ver, se essa perspectiva é articulada à desconstrução derridiana, as demandas no jogo político podem ser suplementadas pelo que não se apresenta, pelo que está excluído. Essa é uma possibilidade para a aposta de Derrida (1994) em relação ao fato de a lógica espectral ser incorporada à política, de maneira que o olhar dos muitos outros, os que não apresentam, nem podem apresentar, suas demandas seja também posto nesse mesmo jogo. Para ele:

> Nenhuma justiça — não digamos nenhuma lei e, mais uma vez, não estamos falando aqui de leis — parece possível ou pensável sem o princípio de alguma *responsabilidade*, para além de todo presente vivo, dentro daquilo que desune o presente vivo, diante dos fantasmas daqueles que ainda não nasceram ou que já morreram, sejam eles vítimas de guerras, violência política ou de outros tipos, extermínios nacionalistas, racistas, colonialistas, sexistas ou de outros tipos, vítimas das opressões do imperialismo capitalista ou de qualquer uma das formas de totalitarismo (Derrida, 1994, p. XVIII).

Em minha leitura, essa argumentação aponta que a contingência e a tradução, para serem articuladas, precisam levar em conta a lógica espectral que assombra as demandas, dentre elas as demandas curriculares. A formação de identidades coletivas por equivalência, para considerar a infinita responsabilidade pelo outro, não pode estabilizar as identidades e desconsiderar os diferimentos que permanecem em fluxo.

É nessa perspectiva que discordo da ideia de Torfing (1999) de que a desconstrução e a teoria do discurso são movimentos teóricos recíprocos e complementares, cabendo ao primeiro o foco na indecidibilidade, e ao outro o trato com a decisão. Defendo que indecidibilidade e decisão não são complementares, no sentido de um se somar ao outro, completar o que, porventura, seria uma carência do outro. Diferentemente, considero que a teoria da hegemonia de Laclau e Mouffe só é possível por meio da desconstrução de Derrida. A indecidibilidade não é um momento preparatório da decisão hegemônica, nem um momento a ser superado pela decisão (Derrida, 1998). Tampouco a desconstrução é um movimento que apenas nos confronta com a indeterminação da discursividade, suas condições de impossibilidade, cabendo ao discurso instituinte produzir as condições de possibilidade da significação. Tanto a desconstrução quanto a teoria do discurso operam com a decisão em terrenos indecidíveis, com condições de possibilidade e de impossibilidade das identidades, objetividades e sujeitos políticos.

Na defesa dessa articulação teórica, busco discutir a decisão política em terreno indecidível na teoria do discurso de Laclau e Mouffe em tensão com o pensamento desconstrutivo de Derrida. Para tal, começo defendendo que, desde *Hegemonia e estratégia socialista*, livro em que Laclau e Mouffe apresentam pela primeira vez sua teoria do discurso, os dois se apoiavam na indecidibilidade derridiana para seu projeto teórico. Em seguida, passo à discussão sobre as noções de discursividade e diferir (fluxo e movimento), discurso e política (estabilidade e sedimentação), para então desenvolver a noção de deslocamento como a permanência da indecidibilidade na decisão. Entendo que tais noções permitem entender as consequências radicais dessa teorização para a pesquisa sobre políticas de currículo, como apresento nos demais capítulos.

Teoria da hegemonia, teoria do discurso

A trajetória de Ernesto Laclau como militante do Partido Socialista Argentino levou-o a tomar o marxismo não como origem da política, mas como base contingente de sua interlocução com o ideário de esquerda. No prefácio à segunda edição de *Hegemonia e estratégia socialista*, publicado originalmente em 1985, Laclau e Mouffe afirmam seu vínculo com a tradição marxista, mas ao mesmo tempo salientam como o questionamento a outras formações discursivas poderia produzir conclusões políticas semelhantes às que eles produziram, voltadas para a construção de uma política democrática radical.

> Por esta mesma razão, porém, o marxismo é uma das tradições através das quais é possível formular esta nova concepção da política. Para nós, a validade deste ponto de partida se baseia simplesmente no fato de que ele constitui nosso próprio passado (Laclau; Mouffe, 2015, p. 54).

Como discute Bennington com Derrida (1996, p. 23), "[...] o algum lugar onde se começa sempre é sobredeterminado por estruturas históricas, políticas, filosóficas, fantasiosas, que não podemos por princípio jamais explicitar totalmente nem controlar". Nunca é possível racionalizar completamente as origens escolhidas, nem é suficiente nos referirmos às normas passadas das quais partimos. Poderia ser discutido, por exemplo, o quanto a tradição de esquerda de Laclau é diferente da de Mouffe, uma cientista política belga com parte de sua formação na América Latina. Daí ser tão importante justificar o valor da opção feita e da leitura proposta, sem que nunca seja possível dizer que esta é a única leitura possível.

A inexistência de uma origem absoluta não implica considerar que "tanto faz" o ponto de onde se parte, na medida em que a ideia de um "tanto faz" ou de uma "qualquer origem resulta no mesmo" remeteria igualmente ao fundamento único da generalidade. Afirmar um "tanto faz" é, ao contrário do que usualmente se supõe, instaurar um fundamento capaz de garantir que "tanto faz". Assim, a escolha de Laclau e Mouffe pela interlocução com Gramsci se torna a origem da teoria do discurso por meio de sua desconstrução no contexto de discussão do marxismo.

A leitura da obra de Gramsci por Laclau e Mouffe, ao mesmo tempo que contribuía para o questionamento do autor de *Cadernos do cárcere*, também respondia a um conjunto de interpretações da esquerda europeia nos anos 1980. De certa forma, Laclau e Mouffe apontaram neste momento que, após a desconstrução derridiana, o pós-marxismo e sua teoria do discurso eram uma forma, talvez uma das poucas naquele contexto europeu, de preservar o poder mobilizador das lutas de esquerda por um dado projeto em torno das bandeiras de justiça social e do combate à desigualdade econômica. Em outros termos, o marxismo teria que ser desconstruído para não ser abandonado.

Laclau e Mouffe (2015, p. 71) argumentam em favor do avanço de Gramsci, quando comparado aos autores da Segunda Internacional, em virtude da defesa de uma primazia da política na constituição do social. Consideram também que a complexidade social é condição de luta política, que a prática política democrática é compatível com a pluralidade de sujeitos históricos, e tal pluralidade acarreta um conjunto de embates políticos não redutíveis ao pertencimento de classe. Como parte dessa desconstrução, Laclau e Mouffe (2015) argumentam existir uma ambiguidade no pensamento gramsciano, na medida em que Gramsci afirma o caráter histórico e contingente da classe trabalhadora — ela precisa sair de si para transformar sua identidade, pela articulação com as lutas e demandas democráticas de outros grupos sociais —, mas sua liderança no processo articulatório é garantida essencialmente por uma base econômica. Com isso, Laclau e Mouffe (2015), ao mesmo tempo que se apropriam do conceito de articulação de Gramsci para construir sua própria noção de articulação, o fazem pelo questionamento do determinismo econômico e do reducionismo de classe. A articulação de elementos diferenciais da luta política passa a ser concebida como contingente, sem determinação, econômica ou de qualquer outra ordem, e sem uma predefinição de quais sujeitos lideram o processo articulatório.

Tal interpretação, no meu modo de ver, é possível a Laclau e Mouffe em *Hegemonia e estratégia socialista* por uma leitura desconstrutiva do social. É por meio do questionamento ao determinismo estrutural, possibilitado pela noção derridiana de indecidibilidade da estrutura, que eles argumentam em defesa das práticas articulatórias contingentes. A estrutura é indecidível não porque seja impossível decidir — a decisão é inevitável —, mas porque uma decisão só é concebida como tal se não é calculável nem (pré)inscrita na estrutura. Derrida (1988) chama atenção para a incompletude da indecidibilidade, destacando como ela excede o cálculo e chama à responsabilidade ético-política. Qualquer decisão, para assim ser chamada, passa pela experiência da indecidibilidade. Não haveria articulação, nem mesmo política, se houvesse uma determinação estrutural que garantisse a forma como uma articulação deveria ser produzida, como a decisão deveria ser realizada.

> Quanto ao primeiro aspecto, a já mencionada dimensão de indecidibilidade estrutural é a própria condição da hegemonia. Se a objetividade social, através de suas leis internas, determinasse qualquer que fossem os arranjos estruturais (como numa concepção puramente sociologizante da sociedade), não haveria espaço para rearticulações hegemônicas — nem, na verdade, para a política como atividade autônoma. Para que haja hegemonia, o requisito é que os elementos, cuja própria natureza não os predetermina a fazerem parte de um arranjo ou de outro, não obstante convirjam, em decorrência de uma prática externa ou articuladora (Laclau; Mouffe, 2015, p. 39, prefácio da segunda edição).

No decorrer de sua obra, Laclau aprofunda esse ponto, discutindo diretamente com os textos de Marx, principalmente a *Contribuição à crítica da economia política*. Ao negar que as relações capitalistas de produção não são intrinsecamente antagônicas, na medida em que a exploração do trabalhador, interpretado como vendedor de sua força de trabalho, não garante o antagonismo ao comprador dessa mesma força de trabalho, Laclau (1990) desconstrói a noção de que o sujeito da luta política possa ter uma identidade estabilizada pela estrutura das relações de produção.

> Quanto mais o racionalismo dogmático da primazia das forças produtivas é abandonado e mais as condutas e possibilidades dos agentes sociais dependem de circunstâncias concretas e contextos que eles não determinaram, mais acaba sendo inconsistente o esforço em determinar "interesses" racionais identificáveis fora dessas circunstâncias e contextos (Laclau, 1990, p. 15).

Na primeira obra em que dialogam com a desconstrução[1], Laclau e Mouffe (2015) desenvolvem a noção antiessencialista de antagonismo. Como argumentam, não há uma positividade comum capaz de cimentar as articulações, garantindo-lhes uma unidade de projeto ou de forma de luta política. O antagonismo não é decorrente de identidades essenciais existentes previamente ao jogo político. As identidades em uma relação antagônica são interdependentes e estabelecidas em decorrência da contraposição mútua e constitutiva. Por sua vez, é por meio do antagonismo que se organizam as relações de equivalência em um contexto no qual só há particularidades diferenciais.

> Os atores sociais ocupam posições diferenciais nos discursos que constituem o tecido social. Neste sentido, eles são todos, estritamente falando, particularidades. Por outro lado, há antagonismos sociais criando fronteiras internas na sociedade. Frente a forças opressoras, por exemplo, um conjunto de particularidades estabelece relações de equivalência entre si. Torna-se necessário, porém, representar a totalidade da cadeia, para

1. Laclau publicou em 1977 um primeiro livro intitulado *Política e ideologia na teoria marxista*, baseado nas teorias de Althusser e ainda sem diálogo com Derrida. Esse livro, ao contrário dos demais dele que só foram publicados no Brasil nos anos 2000, teve edição em português pela Paz e Terra em 1978.

> além dos meros particularismos diferenciais ligados por laços de equivalência. O que pode representar esta totalidade? Como argumentamos, somente uma particularidade cujo corpo esteja dividido e, sem deixar de ser sua própria particularidade, transforma seu corpo na representação de uma universalidade que a transcende (a universalidade da cadeia de equivalências). Esta relação, por meio da qual uma particularidade assume a representação de uma universalidade que lhe é inteiramente incomensurável, é o que chamamos de uma relação hegemônica (Laclau; Mouffe, 2015, p. 40-41, prefácio da segunda edição).

Esta mesma particularidade, alçada a representar o universal, é uma diferença expulsa da cadeia articulatória, contra a qual todas as outras diferenças se antagonizam de forma equivalente. O antagonismo a esta diferença é o que permite o fechamento desta cadeia, sendo constituídos dois espaços de representação: o espaço das diferenças tornadas equivalentes, por se antagonizarem com o que não se encontra articulado, e o espaço da diferença contra a qual essa cadeia de equivalências se antagoniza (Laclau, 2011). Desse modo, o antagonismo detém o fluxo das diferenças: é capaz de subverter a significação, tornando-a impossível, ao mesmo tempo que cria as condições de possibilidade da cadeia articulatória que produz um dado discurso.

Em *Hegemonia e estratégia socialista*, Laclau e Mouffe (2015) já apresentam sua teoria como uma teoria do discurso, defendendo o sentido de discurso como a totalidade estruturada resultante de uma prática articulatória, de forma associada à noção de jogos de linguagem de Wittgenstein. Nessa perspectiva, todo objeto é constituído como objeto de discurso. Para argumentar nessa direção, recorrem à noção de discurso de Derrida, apresentada em *Escritura e diferença*:

> Tornou-se necessário pensar tanto a lei, que de algum modo comandava o desejo do centro na constituição da estrutura, quanto o processo de significação que ordenava os seus deslocamentos e substituições por meio desta lei da presença central — mas como uma presença central

> que nunca foi ela própria, que sempre já foi deportada para fora de si no seu próprio substituto. O substituto não se substitui a nada que lhe tenha de certo modo preexistido; desde então, foi necessário começar a pensar que não existia centro, que o centro não podia ser pensado sob a forma de um ser-presente, que o centro não tinha um lugar natural, que não era um lugar fixo, mas uma função, uma espécie de não lugar onde se fazia um número infinito de substituições de signos. Foi neste momento que a linguagem invadiu a problemática universal; o momento em que, na ausência de um centro ou origem, tudo se torna discurso — com a condição de estarmos de acordo sobre esta palavra —, isto é, um sistema no qual o significado central, originário ou transcendental, nunca está absolutamente presente fora de um sistema de diferenças. A ausência do significado transcendental amplia indefinidamente o campo e o jogo da significação (Derrida *apud* Laclau; Mouffe, 2015, p. 186).

De forma associada à noção de discurso, Laclau e Mouffe (2015) afirmam existir um campo da discursividade como um *surplus* de sentido sempre pronto a subverter a significação, marcando a impossibilidade da sutura final de qualquer discurso. Para eles, a impossibilidade de fechamento é expressa pela noção de significantes vazios. Tais significantes evidenciam a necessidade de nomear um objeto ou fenômeno ao mesmo tempo necessário à luta política e impossível de ser constituído plenamente (Laclau, 1998). Esse ato de nomear limita a lógica da diferença e produz a ilusão de que uma totalidade foi alcançada por meio de fixações parciais e precárias. Para que muitas pessoas, por exemplo, se identifiquem com a disputa pela qualidade da educação e da justiça social, os limites da objetividade dessa qualidade e dessa justiça devem ser borrados e imprecisos. Caso assim não o seja, o envolvimento em sua defesa não será tão amplo, e os sentidos de justiça e de qualidade tenderão a ser tratados como conceitos imperativos.

Vale reiterar que não há qualquer sentido pejorativo nessa impossibilidade ou na ideia de esvaziamento. Significantes vazios não são significantes equivocados, que se modificam contextualmente, nem são significantes deficientes de significação ou ambíguos. Tampouco são decorrentes de uma incapacidade empírica de significar uma realidade múltipla e complexa para a qual não temos uma linguagem ou instrumentos de medida adequados que nos permitam (re)conhecer tal realidade por completo.

Os significantes vazios são importantes na política, porque se opera com essas ilusões no jogo político como se fossem totalidades fechadas. A prática política é que constitui os interesses da comunidade a ser representada. Descrevemos os antagonismos como se fossem positividades, mas o antagonismo como tal não se reduz a essas positividades, não é inteiramente transparente e só se expressa pela sua ausência, sendo eminentemente antiessencialista (Torfing, 1999).

Há uma tendência a agir por meio da constituição de comunidades políticas em nome dessas fronteiras antagônicas representadas pelos significantes vazios. Tais comunidades não são formadas por sujeitos unificados, mas por posições de sujeito[2] discursivamente produzidas na luta política (Laclau; Mouffe, 2015). São comunidades que se alimentam da iminência de uma possível disrupção, do medo da vulnerabilidade frente a essa disrupção (Derrida, 1995). No máximo, como diz Derrida (2001b), são quase-comunidades.

Outro modo de entender a relação hegemônica é como um processo tropológico. Os fechamentos das cadeias articulatórias são sempre processos metafóricos: condensar muitos sentidos (elementos) em um único significante. Os processos hegemônicos, por sua vez, são sempre metonímicos: designar um objeto geral por deslocar uma característica particular para um plano geral (tomar o todo pela parte). Laclau (2014a) discute como os elementos de uma relação hegemônica estão articulados por vínculos contingentes, mas igualmente demonstra, com base em De Man, como toda totalização metafórica se baseia em uma infraestrutura metonímica. Como toda substituição envolve

2. Como abordo no próximo capítulo, Laclau (1990) revê a noção de posição de sujeito, passando a operar com subjetivação.

condensação de sentidos e toda combinação envolve deslocamento de sentidos, não há metáfora sem metonímia. A metáfora pressupõe a metonímia, tal como a articulação discursiva de várias diferenças, tornando-as equivalentes (metaforicamente), requer que as diferenças estejam em uma relação hegemônica (metonímica). Entender os sentidos que vão sendo hegemonizados na política implica entender as metáforas que condensam sentidos em um único significante e permitem que um particular seja metonimicamente alçado à categoria de universal (Laclau, 2014a). Essa também é uma forma de pensar a desconstrução. Todo texto, dentre eles o texto social, se utiliza de uma retoricidade que é negada. Mas sem tal retoricidade, a argumentação — suposta como baseada apenas em conceitos, em uma dada cientificidade ou em dada lógica — não funciona.

Mas se em *Hegemonia e estratégia socialista* o antagonismo é central na constituição do social, em *New reflections on the revolution of our time* Laclau (1990) salienta o quanto os termos de uma relação antagônica só podem ser pensados como partes integrantes de uma mesma formação discursiva. Com isso, ele argumenta que o antagonismo se torna uma simplificação do social. Trata-se de uma sedimentação ideológica, momento em que um conteúdo particular é apresentado como se fosse mais do que um particular que se universaliza. Nessa perspectiva, a ideologia é produzida pela lógica equivalencial e pelo apagamento da lógica da diferença com a qual a equivalência está imbricada.

É possível então dizer que, quanto mais sedimentado e cristalizado se torna o processo tropológico envolvido na articulação hegemônica, mais ele assume o registro de uma catacrese. A catacrese torna-se uma metáfora morta, no dizer de Szkudlarek (2017), uma metáfora cristalizada em um conceito, com sua metaforicidade borrada e esquecida, porque associada de forma obrigatória a um determinado referente.

A estabilidade da significação política do social pelo antagonismo de uma luta "nós" contra "eles" pode vir a assumir tal formação catacrética e bloquear a visibilidade de múltiplos outros processos diferenciais metafóricos e metonímicos que produzem o social. "Nós" e "eles" passam a ser concebidos como se fossem comunidades estáveis, facilmente reconhecidas, por referência a pessoas e instituições que identificamos no contexto social. Deixam de ser concebidas como representações precárias de projetos em disputa, como a presença do outro que impede uma identidade/subjetividade de ser e simultaneamente a possibilita ser, constituindo uma dada posição de sujeito. Este movimento catacrético contribui também para borrar a pluralidade dos antagonismos sociais, na medida em que:

> [...] o antagonismo não necessariamente emerge em um único ponto: qualquer posição num sistema de diferenças, na medida em que é negada, pode tornar-se o *locus* de um antagonismo. Desta forma, há uma variedade de antagonismos possíveis no social, muitos deles em oposição uns aos outros (Laclau; Mouffe, 2015, p. 209).

O antagonismo tem uma função reveladora: é um momento de instituição identitária — eu sou, nós somos, ele é, eles são — que transforma um objeto em símbolo de uma possibilidade de ser. Ao mesmo tempo, a presença de uma força antagônica mostra o caráter contingente do investimento identitário — onde não sou, onde não somos (Laclau, 2014b). Dicotomizar o social e, assim, conceber sua significação por meio da identificação de cadeias equivalentes antagônicas é uma das formas, não a única, de a política operar.

É possível, como faz Derrida (2003), questionar as clássicas separações entre os enunciados constatativos, submetidos ao registro de falso ou verdadeiro, e os enunciados performativos, aqueles não submetidos a esse registro de verdadeiro ou falso, uma vez que não têm referente fora de si e são declaratórios, produzem uma ação ao serem proferidos. Se toda linguagem é submetida à iteração, depende de contextos e simultaneamente produz contextos, os enunciados constatativos produzem efeitos, sendo então também performativos. Por sua vez, os enunciados performativos dependem de contextos, convenções e repetições, sujeitos à iterabilidade e à tradução, não sendo, portanto, autossuficientes em sua possibilidade de fazer uma verdade acontecer.

Assim, penso ser importante operar com uma dada dicotomização do social — um conjunto de enunciados constatativos do que vem a ser sujeito político, sociedade etc. — para interpretar o que ela engendra e assim desconstruí-la. Agir como quem acredita em tal distinção antagônica, para saber como ela opera, que subjetivações produz, que efeitos performáticos engendra. E, simultaneamente, ir além e aquém dessa distinção, pela desconstrução da suposta estabilidade de tais subjetivações.

Isso pode ser feito sem privilegiar a liderança de determinadas posições de sujeito nas lutas políticas, sem estabelecer uma direção necessária para as mudanças sociais, bem como sendo capaz de incluir demandas sociais, as mais heterogêneas, nas cadeias equivalenciais. Esta ordem imaginária permite uma significação — uma sistematicidade — para a sociedade, ainda que essa mesma sociedade seja, como qualquer objeto, impossível de ser constituída plenamente e permaneça sendo confrontada pelo diferir da discursividade. Essa também pode ser uma forma de pensar com Derrida (1995) que, diante de aporias que nos atam, ainda podemos falar e dar respostas. Essa possibilidade é radicalmente associada à instabilidade na significação e às mudanças na forma de entender a relação com a linguagem, instituída não apenas por Derrida, mas também no contexto do pós-estruturalismo, como passo a abordar.

A instabilidade na significação: a discursividade e o diferir

A perspectiva de que a linguagem constitui o social, os sujeitos e as identidades é instituída pelo enunciado da relação arbitrária entre significante e significado na linguística de Saussure, genericamente denominada virada linguística. Com a ruptura do signo em Derrida, por sua vez, é aprofundada essa relação entre a linguagem e a significação, radicalizando a separação entre significantes (imagens acústicas), significados e referentes iniciada com Saussure. Como discute Arrojo (1992), Derrida demonstra que Saussure se baseia na ilusão de que o significado de um significante possa ser algo além de outro significante. É possível acrescentar que Derrida desfaz mais esta ilusão estrutural.

Essa virada radical derridiana, pela qual há um esfacelamento discursivo que rompe com as fronteiras entre interior e exterior dos discursos, é uma crítica ao logocentrismo. O logocentrismo fundamenta diferentes teorias e tem por pressuposto a concepção de uma estabilidade do significado (Arrojo, 1992): há um fundamento concebido como capaz de garantir uma origem primordial a ser acessada no texto. Ainda segundo Arrojo (1992), essa leitura tem por base a ideia de separação entre compreensão (extrair uma informação/uma apresentação) de um texto e a interpretação (criar sentidos no texto). A compreensão, nesse enfoque, remete à pretensão de que se pode ter acesso à realidade, um referente de verdade, de que há um sentido literal baseado em um sujeito consciente, plenamente constituído, capaz de ter uma relação com o objeto de referência de forma pura, imparcial e determinista. A decisão sobre quais significados são concebidos como verdadeiros depende de sua fonte: o sujeito que fala ou a realidade descrita. Em todas essas ideias há a suposição de uma origem primordial, imune à tradução, ao diferir. É pressuposta a existência de uma apresentação primeira anterior à representação, ao mesmo tempo que se busca desvelar — tirar o véu de — a essência dessa primeira apresentação.

Na perspectiva logocêntrica, toda tradução — de um sistema linguístico a outro ou no interior de um mesmo idioma — é em algum nível sujeita à deturpação, uma vez que não representa adequadamente a verdadeira origem, o texto original, a fala enunciada por um sujeito pleno, a realidade primeira à qual se faz referência. A escrita no âmbito do logocentrismo é, para Derrida (2008; 2009), um exemplo dessa representação deturpada, uma vez que tenta representar a fala, a presença do ser falante que seria a origem do significado verdadeiro.

Derrida (2008; 2009) questiona o logocentrismo como sendo embasado na metafísica da presença, a ilusão de que um signo realiza a presença de algo exterior a ele mesmo: a presença do significado ao qual um significante se refere, a presença do objeto ao qual um enunciado se refere, a presença do sujeito que fala. Ainda segundo Derrida, o signo sempre é representação e não apresentação de uma presença plena. Como representação, o signo é submetido ao diferir, à tradução. O processo de representar (re-apresentar) não é puro reflexo de algo fora do signo, mas constituição de novos e diferentes sentidos[3].

O pós-estruturalismo em geral e a teoria do discurso em particular, sintonizados com a crítica ao logocentrismo e à metafísica da presença, questionam a suposição de uma linguagem transparente, fundamentada em um referente, em uma origem, em uma estrutura, que possa garantir algo imune à deturpação, algo não diferido, uma presença ou um fundamento pleno que possam ser denominados "a verdade". Passam a questionar a possibilidade de uma apresentação idêntica, tal e qual. Tudo é representação, não há origem, conhecimento original, ponto de partida, tampouco há essência, coisa-em-si, identidade fixa. Nessa perspectiva, o significado não está no texto, nem nas intenções de quem escreve/fala, ou em algo que possa ser denominado realidade. Qualquer significado é contextual, relacional, envolve remeter um significante a outro significante e simultaneamente adiar o que poderia ser considerado um conceito, uma identidade, um sujeito, um objeto, uma finalização do processo de significar no conceito, a estabilidade do sentido.

Qualquer identidade ou sujeito deixam de ser concebidos como tendo um centro fixo — uma estrutura — que garanta sua significação. Se identidade e sujeito são constituídos em relações contextuais, não

---

3. Mais adiante, retomo com mais detalhes essa discussão.

há possibilidade de enunciarmos de uma vez por todas o que o sujeito é, o que uma identidade significa. Em diferentes contextos e relações, outras possibilidades de ser, de produzir sentido e de se identificar são produzidas. Não é o caso, todavia, de serem consideradas as noções de polissemia ou de pluralidade de identidades ou sujeitos predefinidos que podem ser acessados contextualmente em uma relação com o outro. Nessas noções há também um núcleo identitário estável na pluralidade. Refiro-me a uma produção que só pode se dar em ato, como acontecimentos imprevistos, marcados pela contingência.

Na teoria do discurso, noções como discursividade, significantes flutuantes e vazios são elaboradas de forma a expressar na política essa impossibilidade de significação última, a não fixação das identidades e subjetividades, a impossibilidade de fundamentos estruturantes. A elas se soma a noção de heterogeneidade, que, como propõe Laclau (2013), é todo excesso que escapa às tentativas de objetivação. A heterogeneidade, por ser diferencial, não se aglutina em nenhuma unidade. Pode formar uma superfície de inscrição, mas esta será sempre irredutível aos conteúdos nela inscritos.

A lógica da diferença é um modo de construir o social por meio da afirmação das diferenças entre as particularidades (Laclau, 2013). Pode ser também compreendida como a lógica que expressa o constante diferir. Particularizando cada vez mais as demandas sociais, mais se remete à multiplicidade de diferenças em contextos distintos, mais se expressa o diferir. Todavia, para ele, apenas com particularidades isoladas não se constituem politicamente o social e a hegemonia.

Tal perspectiva contextual e relacional poderia levar a outro fundamento. Uma vez que há apenas subjetivações e identificações não fixas, o contexto — histórico, prático, situado — poderia ser concebido como garantidor de algum nível de fixação nos significantes. Em diálogo com Derrida, não é essa direção que a teoria do discurso propõe. Como afirma Culler (1981), todo significado é contextual, mas o contexto não tem limites. Um contexto nunca é absolutamente determinável nem saturado significativamente (Derrida, 1991), na medida em que ele também está submetido à mesma disjunção entre significante e significado discutida anteriormente. Qualquer sentido ou significado suposto como original para um dado contexto é irrecuperável, porque os signos são desconstruídos e os significantes sempre podem ser inseridos em novas cadeias de significantes.

Contextos não têm limites fixos nem definitivos, não são um espaço predefinido da ação política, da ação curricular. Podem ser uma aula, um curso, uma política curricular, um campo de conhecimento, uma teoria: não pressupõem a positivação de espaços-tempos. Todo texto é inédito em um dado contexto e simultaneamente produz esse mesmo contexto. O engajamento ao outro (outro texto, outro sujeito, outro objeto) está presente também na condição de tradutor num registro derridiano.

Tal ausência de fundamentos sólidos e definitivos, de bases racionais não contextuais e não relacionais para a tomada de decisões, insere a tomada de decisões na dinâmica deliberativa e argumentativa. Não falo aqui da deliberação e da negociação supostas como capazes de constituir um consenso, mas como fluxos argumentativos conflituosos, mediados por relações de poder.

Por isso, a busca do logocentrismo e da objetividade científica, apoiada nos fundamentos modernos concebidos como sólidos (a natureza, a dialética, a matemática, a história, a ética, qualquer fundamento), passa a ser vista como tentativa de substituir a argumentação, a deliberação e a negociação humanas. Todo conhecimento, instituído em certas relações de poder, uma vez concebido como dependente do contexto, passa a ser marcado pelas falhas humanas — e pela opacidade, pela imprecisão, pelos resíduos anteriormente desprezados como desimportantes ou perturbadores. Qualquer concepção de um conhecimento objetivo e imparcial, lógico, racional e verdadeiro, qualquer identidade fixa e qualquer subjetividade plena nada mais são do que elementos cujas marcas de sua produção contingente são apagadas. Nas palavras de Arrojo (1992), só podem se constituir como ilusão provisória e precária.

Uma das consequências dessa interpretação é a de que não há uma melhor política, a política sem interesses, imune ao poder, as finalidades políticas mais corretas em qualquer contexto, a verdadeira política a ser apresentada em sua plenitude, a política baseada em evidências científicas imunes à divergência. Mas se toda política está, desde já, submetida à tradução, torna-se um foco teórico-estratégico entender como é produzida a estabilidade e como é constituído, ainda que precária e provisoriamente, o discurso.

Produzindo a estabilidade: o discurso e a política

A afirmação dessa constante instabilidade na significação, desse fluxo do diferir, pode levar a alguns questionamentos sobre os processos de comunicação. Se a escritura é outra a cada novo ato de leitura, a cada acontecimento, por que certas estruturas de interpretação perduram — parecem perdurar — mais e algumas nos parecem eternas? Por que alguns sentidos se instauram como prevalentes? O que bloqueia, ainda que eventual e provisoriamente, o livre fluxo de significados nos significantes e possibilita algum nível de consenso para gerar comunicação e acordos políticos? O que nos leva a investir em escrever, ler, educar, fazer política? Como são definidos os critérios e as regras — certa normatividade — a compor um enquadramento para uma decisão política entre tantas possibilidades de significação do mundo social? Afinal, pode ser afirmado que, a despeito de toda flutuação de sentidos nos significantes, do constante diferir atinente à linguagem, há comunicação, educação e política em diferentes espaços-tempos.

De certo ponto de vista, o projeto da teoria do discurso está situado na tentativa de responder à problemática que leva à formulação dessas questões. Igualmente envolve situar essas questões de outro modo, propor outras questões. Um dos torques que pode ser realizado é o confronto da concepção de que há política "a despeito" da instabilidade na significação. Nos termos de Derrida (1998), não haveria decisão política — tentativas de produzir estabilidade — se não estivéssemos tratando de um processo naturalmente instável. O mesmo Derrida ainda defende que, se a indecidibilidade segue habitando a decisão, a politização não cessa nunca, o que pode nos levar a concluir que a estabilização cria possibilidades de sua própria ruptura.

Como Derrida afirma na discussão sobre o direito e a justiça:

> O indecidível não é somente a oscilação ou a tensão entre duas decisões. Indecidível é a experiência daquilo que, estranho, heterogêneo à ordem calculável e da regra, *deve* entretanto — é de dever que é preciso falar — entregar-se à decisão impossível, levando em conta o direito e a regra (Derrida, 2010, p. 46).

Para Laclau (1990), de forma diferente, mas não incompatível com Derrida (Norval, 2004), a política é o exercício da decisão que nos constitui como sujeitos. Decisões políticas são decorrentes de articulações e produzem discursos estabilizados, identidades e subjetividades. Permanece, contudo, a indecidibilidade. Toda opção política é sempre uma opção não obrigatória nem necessária em um conjunto de possibilidades. Como afirma Thomassen (2005), não existe decisão sem indecidibilidade, e é por causa da indecidibilidade que nenhuma decisão é completa. Se decidir é um ato de poder, a hegemonia em dado contexto bloqueia o livre fluxo do significante. Esse bloqueio, contudo, é apenas parcial e simultaneamente instável. Não há o que se possa chamar de uma hegemonia total.

Para entender esta formulação de Laclau, é pertinente retomar o sentido conferido à hegemonia. Em sua teoria, hegemonia equivale ao discurso. Um discurso, constituinte de uma hegemonia, é efeito de uma prática articulatória. Os elementos de um discurso não são preexistentes a essa prática. São produzidos em termos relacionais e contextuais na articulação. Isso leva a enfatizar que todo discurso é sempre passível de ser subvertido, está sempre sujeito à desconstrução e à tradução, aos deslocamentos pela emergência de eventos que não podem ser integrados nessa mesma formação discursiva.

A articulação e seu efeito discursivo possibilitam essa estabilidade parcial na significação e, portanto, a formação de identidades. Como já registrei aqui, uma das expressões dessa parcialidade é a existência de significantes vazios propiciando o fechamento da articulação. São eles que permitem a equivalência entre significados de diferentes elementos de um discurso. Não é a clareza de princípios, propósitos e finalidades que faculta a articulação discursiva. É o esvaziamento, a imprecisão condensada nos significantes vazios que permite a identificação com uma demanda particular alçada à condição de universal (Laclau, 1998).

O fechamento da articulação discursiva é pautado pela lógica da equivalência. Usualmente as articulações, vinculadas à formação de grupos políticos, são concebidas em função de uma igualdade de propósitos e/ou identidades. Laclau rompe com essa perspectiva ao propor que a equivalência (nunca igualdade) depende do antagonismo a uma diferença expulsa da cadeia articulatória. Essa diferença, cabe reiterar, é um exterior contra o qual todas as outras diferenças incluídas na totalidade se antagonizam e se tornam equivalentes, renunciando em alguma medida, nunca completa, a suas particularidades.

É por essa renúncia, muito mais aparente e contextual do que muitas análises políticas tendem a expressar, que alguns podem vir a considerar que Laclau não incorpora adequadamente as preocupações de Derrida com a responsabilidade infinita frente ao outro, mesmo aquele que permanece fora da ordem hegemônica. Uma possível resposta a essa tensão pode ser encontrada no entendimento de Laclau e, talvez mais ainda em Mouffe (2020), de como a admissão de antagonismos sociais não implica desconsiderar a necessidade de trabalhar politicamente por relações agonísticas entre diferentes projetos de sociedade, os quais incluem a inerradicável alteridade.

Pelo antagonismo, como já destaquei, Laclau e Mouffe (2015) expressam acentuadamente seu antiessencialismo. Na relação antagônica "nós" contra "eles", forma usual de expressar lutas políticas distintas, o antagonismo não é decorrente de identidades previamente constituídas que se negam. As identificações de quem somos "nós" e quem são "eles" se constituem pela relação antagônica. As identidades em uma relação antagônica são interdependentes e estabelecidas em decorrência da contraposição mútua e constitutiva: só posso afirmar que algo ameaça certa identidade se simultaneamente afirmar a existência dessa mesma identidade. Afirmar as identidades ocidental e oriental na luta política contemporânea, discute Laclau (1990), não se baseia em um conjunto de características comuns a distintos povos inseridos em cada uma dessas classificações. Índia, China e Islã são tão diferentes entre si (e "em si") quanto Estados Unidos, Alemanha e Brasil. A construção da significação que conferimos ao Oriente é um resultado não necessário nem obrigatório de um discurso sobre o Oriente produzido no Ocidente, e com o poder deste nas lutas geopolíticas. Esse discurso sobre o Oriente torna equivalentes múltiplas diferenças, muitas vezes significadas como o estranho, o inimigo, "os de fora". Nessa perspectiva, o Oriente não é representado como formado pelas identidades que não são ocidentais. O Oriente é representado como um antiocidente.

Laclau (1990) insiste em afirmar que o antagonismo é o limite de toda objetividade, o que significa dizer que não há nenhum sentido objetivo no antagonismo: ele é aquilo que impede a objetividade/identidade/subjetividade de se constituir plenamente. Nesse sentido, expressa-se apenas pela ausência, não pela presença.

Concordo com Duque-Estrada (2004) quando conclui, com base em Derrida, que toda a construção de uma equivalência que garanta uma articulação em torno de um "nós" na política é sempre performática e sujeita ao questionamento da universalização pretendida. Sempre é possível perguntar: Quem somos nós? Quem são eles? Estendo tal conclusão para qualquer relação antagônica: sendo sempre performática, o questionamento da relação antagônica é parte do movimento que mantém potente a desestabilização da hegemonia instituída. Ou, como discute Bennington (2004a), "quem somos nós" e — por relação — "quem são eles" não são perguntas ruins, desde que não se queira dar uma única resposta a essas perguntas.

Esse modo derridiano relacional de pensar não pode ser esquecido quando nos envolvemos com as noções da teoria do discurso. Ou, como o próprio Laclau (2008b) sublinha, na desconstrução, quaisquer polos não são identidades ônticas estabilizadas que se confrontam. São dimensões ontológicas que envolvem contaminação mútua. Laclau (1998) afirma o mesmo para as lógicas da diferença e da equivalência. Tais lógicas estão sempre imbricadas e em tensão: a equivalência subverte a diferença e ao mesmo tempo permite a articulação. Essa identidade diferencial excluída da cadeia de significação é um exterior constitutivo dessa mesma cadeia e simultaneamente um antagonista da existência dessa cadeia. É assim a condição de possibilidade e de impossibilidade da articulação — um indecidível.

Poderia ser contra-argumentado que, no caso da tomada de decisões políticas educacionais, caberia limitar os processos de diferir, operar com os sentidos consensuados, os dispositivos culturais universalizados, com a ordem instituída sobre o caos. Afinal, para muitos, educação e currículo se vinculam à projeção de identidades das futuras gerações, "aos nossos filhos e filhas", e guardam forte vínculo com a tradição e a ideia de legado e solidariedade entre gerações. Por meio do currículo e da educação de forma mais ampla, espera-se poder garantir a permanência do que há de melhor na sociedade.

Em relação a esse ponto, saliento a importância de valorizar os vínculos de todo projeto educacional com a mudança social e não apenas com a permanência. Mais precisamente, permanência e mudança não podem ser pensadas como um par dicotômico, em que um termo se dispõe contra o outro, ou a despeito do outro. São pensados aqui relacionalmente, de forma mutuamente constitutiva: dizer o mesmo é, de algum modo, desconstruir a tentativa de ser idêntico; dispor-se à mudança é sempre partir de algo que já começou.

Nessa perspectiva, organizar projetos educativos, defender a constituição de certas identidades, fazer valer certas tradições, lutar para manter o que supomos ser melhor — para os estudantes, para a sociedade, para o futuro — devem ser pensados como articulados à mudança social, afirmando que tais projetos, identidades e tradições estão inseridos em uma política que pressupõe negociar com o outro — as "novas gerações", por exemplo — o que se pretende instituir. Parece-me que um projeto educativo só se coaduna com a mudança social se o julgamento sobre o que "somos de melhor" estiver sempre aberto à contestação. E essa contestação se insere tanto no sentido de "melhor" quanto no próprio sentido de "ser". Pressupor normas que estabeleçam de uma vez por todas quais são o melhor projeto educativo, o melhor conhecimento, as melhores atividades na escola, os valores válidos, o melhor currículo, o melhor porvir pode facilmente se inserir na lógica autoritária de decidir no lugar do outro.

A política envolve os atos de poder que tentam fixar sentidos nas relações sociais, ao mesmo tempo que produz mudanças no que se encontra fixado. Nesse sentido, a teoria do discurso pode ser também considerada uma teoria da decisão política, bem como uma teoria que prioriza a dimensão política na constituição dos significados estáveis. Se o caos, o livre fluxo dos significantes, o diferir, a instabilidade e o vazio nos constituem, qualquer significado estável, qualquer estabilidade identitária, só pode ser constituída politicamente como decorrência de uma decisão política. É nesse sentido que a teoria do discurso se apresenta como uma teoria da hegemonia. A desconstrução, por sua vez, impele a teoria do discurso a ver como instável e precária toda estabilidade hegemônica.

Deslocamento ou como a indecidibilidade segue habitando a decisão

Laclau e Mouffe, posteriormente à publicação de *Hegemonia*, aceitam a crítica de Zizek em relação ao antagonismo. Zizek (*apud*

Torfing, 1999) argumenta que o antagonismo nega a falha constitutiva do sujeito e o entendimento de que os múltiplos processos de identificação são apenas tentativas, nunca completas, de tentar suprir essa falta. A ilusão das lutas emancipatórias antagônicas, continua Zizek, é de que, após a aniquilação do exterior com o qual se antagoniza, o sujeito alcançará uma identidade plena. Nesse sentido, continua Zizek, o que efetivamente está sendo externalizado e constitui a falta do sujeito — aquilo que nunca tivemos, mas que supomos ter perdido — é a disrupção da ordem simbólica por eventos que não podem ser representados. Laclau (1990) denomina essa disrupção de deslocamento e passa a considerar só ser possível operar em direção a novas hegemonias desconstruindo discursos hegemônicos. Nessa desconstrução, não basta evidenciar como tais discursos são construídos, como hegemonias são instituídas. É necessário investigar como são constantemente deslocados. Laclau (2011), em uma longa discussão sobre a indecidibilidade, usa a expressão hamletiana "o tempo está deslocado[4]", mobilizada por Derrida (1994), para destacar que não há um começo ou fim do tempo.

Biglieri e Perelló (2011), amparadas em Lacan, autor com quem Laclau também dialoga[5], se referem ao antagonismo como representando uma ordem imaginária do real que impede e ao mesmo tempo viabiliza a sistematicidade da sociedade impossível. O deslocamento, por sua vez, expressa uma disjunção entre o simbólico e o real, ou a impossibilidade constitutiva de o simbólico significar o real. Daly (1999) ajuda a entender tal interpretação, quando assinala que o real é tudo que destrói as formas de fechamento discursivo que nos fazem

4. No original, "The time is out of joint", *Hamlet*, ato 1, cena 5. Em outras traduções possíveis e utilizadas na literatura, poderia ser dito que o tempo está fora da articulação ou o tempo está fora dos eixos. Esse enunciado pode ser relacionado à ideia laclauniana de que, com o tempo, toda hegemonia fracassa.

5. Laclau, em comunicação pessoal, afirmava que suas principais influências, para além de Gramsci, foram Heidegger, Lacan e Derrida. Mas também afirmava que, se fosse obrigado a escolher um dos autores, escolheria Derrida. Imagino que para essa afirmação também tenham contado as relações de amizade que os dois mantinham.

julgar a realidade como uma estrutura inteligível. Como o autor segue discutindo, os fechamentos discursivos tornam-se "[...] tentativas de escapar de todas aquelas manifestações do real que traumatizam e nos destroem: luto, ansiedade, traição emocional/sexual, e assim por diante" (Daly, 1999, p. 221).

Com essa leitura, o exterior constitutivo em Laclau passa a ser interpretado como formado pelo deslocamento: efeitos constantes operam recomposições e rearticulações e, quanto mais deslocada a estrutura, mais se expandem as decisões não determinadas por essa mesma estrutura (Laclau, 1990). A teoria da hegemonia é então mais amplamente desenvolvida por Laclau. Ele busca uma explicação relacional das formas sociais e políticas, bem como aprofunda o antiessencialismo das identidades políticas, por meio da defesa da incompletude da identificação. Tal incompletude permanece sendo compreendida como marcada pela negatividade que expressa o caráter contingente de toda objetividade, aí se incluindo instituições e processos econômicos.

> Mas se a negatividade da qual falamos revela o caráter contingente de toda objetividade, se é realmente constitutiva, então ela não pode ser recuperada por meio de nenhuma *Aufhebung*[6]. Ela é algo que expressa, simplesmente, os limites da constituição da objetividade e não pode ser dialetizável (Laclau, 1990, p. 26).

Para desenvolver tal argumento, Laclau (1990) afirma que não se trata de uma defesa da contingência por negação frontal da lógica necessidade que opera na metafísica ocidental, como demonstrado por Derrida. Não é possível dizer que só há contingência, ou que se tudo é contingente, nada é necessário, uma vez que estaríamos recorrendo ao generalismo do tudo ou nada, que sempre remete a um fundamento fixo. Para Laclau, o puro e simples abandono da lógica

6. Suprassunção em Hegel significa simultaneamente preservar, conservar, deixar de ser ou negar e colocar um fim em algo, levando a um nível superior, nos termos da dialética hegeliana.

da necessidade — ou da metafísica associada a essa lógica — não apenas é impossível, como também nos colocaria em confronto com uma totalidade vazia. Estaríamos diante da pura indeterminação, puro fluxo *nonsense*, e da impossibilidade do discurso (hegemonia). Há sempre relações de poder que contêm os fluxos contingentes.

A partir daí, Laclau conecta mais detalhadamente sua tese sobre o antagonismo — o limite de constituição de toda objetividade/identidade — com a questão da contingência. Como não é possível ameaçar a existência de algo sem ao mesmo tempo afirmar sua existência, diz Laclau (1990), a contingência é o elemento de impureza que impede a constituição plena (necessária) da objetividade/identidade, não havendo uma objetividade pura ou uma contingência total.

> [...] o que nós sempre encontramos é uma situação limitada e determinada na qual a objetividade é *parcialmente* constituída e também *parcialmente* ameaçada, na qual as fronteiras entre o contingente e o necessário são constantemente deslocadas. [...] o momento da indecidibilidade entre o contingente e o necessário é constitutivo e o antagonismo, portanto, também o é (Laclau, 1990, p. 27).

Laclau (1990) mais adiante salienta que uma das radicalizações da contingência em uma articulação hegemônica é a compreensão de que a decisão tomada no interior de uma estrutura — concebida como uma decisão resultante dessa mesma estrutura — não é determinada por tal estrutura e simultaneamente a subverte. Tal conclusão está associada ao caráter indecidível da estrutura: as decisões tomadas transformam a estrutura, fazendo com que o ato hegemônico não seja a realização de uma obrigatoriedade estrutural, mas um ato de construção radical, sem objetividade ou garantia, um ato de poder. Sem obrigatoriedade estrutural de que as identidades sejam de uma dada maneira, a contingência performa identidades e toda objetividade pressupõe a exclusão de possibilidades imprevistas. Nesse sentido, o poder é produtivo: sem poder não haveria objetividade ou identidade.

É com essa interpretação que se desenvolve outra concepção de política. Política se torna o conjunto das decisões tomadas em terreno indecidível (Laclau, 2011). Não há uma razão que defina de uma vez por todas como decidir em um dado contexto, não há uma condição que seja capaz de definir necessariamente uma determinada forma de agir como melhor, verdadeira ou correta. Sem o amparo da lei e da regra, a decisão em terreno indecidível se conecta, e com isso nos conecta, inarredavelmente, às questões de justiça e responsabilidade (Derrida, 1993; 1995).

Como assinala Castro (2024), apoiado em Derrida, a responsabilidade digna desse nome — a responsabilidade por uma decisão política tomada — exige a interrupção do desdobramento de regras, envolve as decisões em terrenos indecidíveis, porque sem um fundamento racional que garanta a escolha certa. É por não haver obrigatoriedade, razão ou lei que decidimos e nos responsabilizamos. Ou, como nos aponta Laclau: "A decisão baseada em uma estrutura indecidível não é, portanto, oposta à razão, mas é algo que tenta suplementar as falhas da razão" (Laclau, 1990, p. 31).

Para sustentar tal argumentação, a noção de posição de sujeito é abandonada, e Laclau (1990) passa a operar com processos de subjetivação. Os atos de identificação/subjetivação são conectados à decisão contingente. É pela decisão por um ato de poder em estruturas indecidíveis que a identificação/subjetivação se processa e uma identidade se forma. Nesse sentido, toda identidade é deslocada, passando o deslocamento ser a condição de possibilidade e de impossibilidade de toda identidade.

Sendo a estrutura deslocada e incompleta, torna-se necessária uma sutura produzida pela intervenção de um sujeito (Norval, 2004). Ao mesmo tempo, só há hegemonia porque há um contexto indecidível, constantemente deslocado. Discursos hegemônicos, todavia, ao expressarem tentativas de significar o mundo, também transformam as identidades dos sujeitos e seus contextos de atuação. A tentativa de produzir uma estrutura, um centro e uma significação permanece sendo deslocada, expressando a impossibilidade de sua constituição plena e final.

Nesse sentido, a tentativa de construção de centros de poder em meio ao deslocamento pode ser feita por antagonismos, mas não é feita exclusivamente por meio deles.

> Em *Hegemonia e estratégia socialista*, a noção de limite é mais ou menos sinônimo de fronteira antagônica. A objetividade é constituída apenas por uma exclusão radical. Mais tarde, percebi que essa assimilação apresentava duas falhas. Primeiramente, esse antagonismo já é uma forma de inscrição discursiva — ou seja, de domínio — de algo mais primário que, a partir de *Novas reflexões sobre a revolução de nosso tempo* em diante, comecei a chamar de "deslocamento". Nem todo deslocamento precisa ser construído de maneira antagônica. A segunda falha é que o antagonismo não é equivalente à exclusão radical. O que ele faz é dicotomizar o espaço social, mas *ambos* os lados da relação antagônica são necessários para criar um espaço único de representação. É por isso que as contradições dialéticas dificilmente podem ser vistas como reveladoras dos limites da objetividade. Este novo passo, no entanto, não é o final. Pois, embora com deslocamento, partimos da representação total inerente à relação antagônica a uma crise geral do espaço de representação, existem outros tipos de exclusão que não envolvem tal crise e que, no entanto, não podem ser assimilados à exclusão inclusiva de todo antagonismo (Laclau, 2008a, p. 318-319, grifo do autor).

Vivenciar o deslocamento — uma exclusão radical — como um antagonismo é uma possibilidade de dar ordem ao caos, de significar como sistema um contexto assistemático e indecidível. Nem todos os deslocamentos precisam ser construídos de forma antagônica. O importante é considerar que não há nenhum fundamento para a passagem de uma estrutura deslocada para um momento de decisão e identificação, objetivação, subjetivação. Nada há de natural, determinado, obrigatório ou necessário na estabilização construída por uma decisão política. Não existem identidades, objetos ou sujeitos antes das decisões políticas: tais decisões é que constituem a significação, contingente, precária e provisória, da identidade de sujeitos e objetos.

Por meio dessa discussão, é possível retomar mais profundamente a interpretação de Derrida (1998), já mencionada aqui, de que só existe identificação do sujeito associada à desidentificação:

> Em outras palavras, a decisão, se é que existe tal coisa, deve neutralizar, se não tornar impossível, antecipadamente, o quem e o quê. Se alguém sabe, e se é um sujeito quem sabe quem e o quê, então a decisão é simplesmente a aplicação de uma lei. Em outras palavras, se houver uma decisão, ela pressupõe que o sujeito da decisão ainda não existe e nem o objeto. Em outras palavras, se existe uma decisão, isso pressupõe que sujeito da decisão não existe ainda e tampouco existe o objeto. Assim, no que diz respeito ao sujeito e ao objeto, nunca haverá uma decisão. Acho que isso resume um pouco o que Ernesto Laclau propôs quando disse que a decisão pressupõe a identificação, isto é, que o sujeito não existe antes da decisão, mas quando eu decido que invento o sujeito. Toda vez que eu decido, se uma decisão é possível, eu invento o quem e decido quem decide o quê. Neste momento, a questão não é quem ou o quê, mas sim a decisão, se é que existe tal coisa. Assim, concordo que a identificação é indispensável, mas isso também é um processo de desidentificação, porque se a decisão é identificação, a decisão destrói a si mesma (Derrida, 1998, p. 163-164).

Essa é uma das diferenças entre Laclau e Derrida que destacadamente procuro articular. Com a ênfase na desidentificação, Derrida busca afastar a decisão política de qualquer noção de sujeito, fortalecendo seu vínculo com o evento. Laclau (1990), por sua vez, faz do sujeito um sujeito mítico, metafórico, o lugar do deslocamento. O sujeito e o deslocamento são irrepresentáveis. São o imprevisto na estrutura, estão fora da formação discursiva na qual o antagonismo se inscreve. São uma forma de liberdade pela ausência de determinação: um evento. Aproximo tal leitura da noção de acontecimento em Derrida.

> Um acontecimento não mereceria seu nome, não faria nada acontecer se outra coisa não fizesse senão desenvolver, explicitar, atualizar o que já era possível, ou seja, em suma, se se resumisse a desenvolver um programa ou a aplicar uma regra geral a um caso. Para que haja acontecimento, certamente, é preciso que ele seja possível, mas também que haja uma interrupção excepcional, absolutamente singular, no regime de possibilidade; [...] *É preciso*, portanto, que o acontecimento se anuncie também como impossível ou que sua possibilidade seja ameaçada (Derrida, 2004, p. 281, grifos do autor).

O acontecimento busca expressar a experiência do deslocamento, da interrupção do possível. Trata-se da invenção do impossível, do que não está previamente inscrito ou programado, pré-calculado. E por ser impossível é que a invenção é digna desse nome. Se pudéssemos reconhecer e identificar o deslocamento — "aqui se desloca", "veja o que acontece" —, se pudéssemos conceber estratégias para produzi-los — "assim se faz um acontecimento" —, se pudéssemos cristalizar o sujeito que decide, não haveria invenção, apenas a mera aplicação de uma regra.

A decisão em terreno indecidível é o que interrompe a regra, o possível, é a decisão em vista do outro em mim (Derrida, 2004). Nesse sentido, a decisão é relacional, depende de múltiplas práticas de identificação em contextos singulares, dos muitos outros com os quais tais práticas se constituem, da tradução em jogo nessas relações. Não há uma subjetividade, uma história do sujeito ou uma trajetória institucional da qual a decisão se origine, nem é um ato de consciência do sujeito que se apresenta como tal e, com base em um conhecimento, organiza o sistema. Onde se diz "eu decido", não se faz uma decisão digna desse nome (Derrida, 2012). A decisão não é baseada em um fundamento, ela se autofundamenta (Laclau, 2011). É uma ilusão, contudo, supor que tal fundamento possa ser estabilizado, fazendo com que os deslocamentos cessem.

Em síntese, é porque a estrutura está sempre deslocada que eventos acontecem e decisões são tomadas. Sem garantias e sem a certeza de um futuro programado, só podemos deixar o porvir ao por vir. Negociamos todo tempo as decisões a serem tomadas, sempre teremos que nos responsabilizar por elas, inscrevendo-as *a posteriori* em uma razoabilidade (Laclau, 1990). A responsabilidade permanece em pauta, porque a ausência de garantias não só não impede a decisão — de falar, de escrever, de educar, de fazer política, qualquer decisão política —, como também não é espaço para inconsequência ou imobilismo. Caputo (2018) fala de uma constante negociação entre o calculável e o incalculável, na constante interpretação que chama para a ação.

Como se pode concluir dessa interpretação, nem Derrida nem Laclau são anticlareza, antirrazão, nem mesmo anticonhecimento ou anticiência. O cálculo, a razão, o conhecimento e a ciência também são discursos situados em dadas relações de poder. Se não são programas para serem incorporados à política como definidores das ações e decisões, não devem ser desprezados nas múltiplas leituras que se faz do social. Uma decisão exige múltiplas leituras e interpretações em disputa. Leituras e interpretações são formadas em dados discursos que nos permitem entender possibilidades de decisão, nos permitem saber o possível para orientar — nunca programar — uma decisão, ainda que não seja possível saber tudo.

Como afirma Derrida:

> [...] para que haja decisão e responsabilidade, não estou dizendo que alguém precise de ignorância ou de alguma forma de não-saber; não mesmo, ao contrário, é preciso saber e é preciso saber o máximo possível e tão bem quanto possível, mas entre o conhecimento e a decisão, a cadeia de consequências precisa ser interrompida [...] existindo tal cadeia, nunca haveria decisão ou responsabilidade, mas tão somente o desdobramento consequente de um determinado conhecimento, a aplicação imperturbável de regras, conhecidas ou conhecíveis, o desdobramento de um programa com pleno conhecimento dos fatos (Derrida, 2002, p. 298).

Esta impossibilidade de saber tudo não é devida a uma incapacidade das formas de conhecer, limites cognitivos de quem conhece ou ainda uma excessiva pluralidade ôntica. Esta impossibilidade é uma estrutura inerradicável de qualquer decisão. O fato de, na política, muitas vezes lidarmos com antagonismos como se fossem identidades sólidas e representáveis, ou investigarmos processos políticos nos quais se opera com os antagonismos como se eles constituíssem o social, não é um álibi para desconsiderarmos as dinâmicas discursivas que deslocam a todo tempo tais identidades.

Como procurei argumentar até aqui, o antagonismo na teoria da hegemonia é uma forma de explicar a formação de comunidades políticas nas quais nada há de comum além da negatividade, o confronto frente a um exterior que ao mesmo tempo limita a identidade da comunidade e possibilita que seja produzida na articulação de demandas. Trata-se de uma simplificação das lutas políticas e nos permite entender como o social opera, mas não deve ser concebido como metáfora morta (Szkudlarek, 2017), catacrética, que sedimenta de uma vez por todas as subjetivações nas lutas políticas. Se assim interpretamos, desconsideramos a discussão de Laclau sobre o deslocamento. Desconsideramos também, como destaquei de início, o quanto a teoria da hegemonia está conectada à desconstrução derridiana, o quanto a indecidibilidade permanece habitando a decisão.

Há o risco de que esses antagonismos se sedimentem, expressando tentativas fantasmagóricas de fechamento, ordem e estruturação. Refiro-me à sedimentação no sentido de Laclau (1990): discursos mobilizados em determinadas relações de poder, dos quais se apagam as contingências da sua produção e, simultaneamente, o poder que tornou possível esse apagamento. Tais práticas discursivas produzem significados, supostamente naturais e cristalizados, e subjetivam os atores sociais por meio de uma ampla cadeia de equivalências e substituições de significantes que, em seu movimento, transformam certas ideias em uma conceitualidade estabelecida como senso comum e ideologia. É neste momento, conclui Laclau (1990), que a sedimentação é apresentada como uma objetividade, uma mera presença. Mas como o próprio Laclau (2011) realça, desconstruir envolve deslocar, subverter polarizações e mostrar que não há blocos essencialmente unificados: qualquer bloco sedimentado é resultado de práticas articulatórias.

Isso implica pensar que passam a ser outros os modos de interpretar, investigar, desconstruir os processos de instabilidade e estabilidade mutuamente constitutivos da política, trazendo impactos diretos a como entendemos a ação de sujeitos e comunidades nas lutas por projetos de futuro.

DESCONSTRUINDO A POLÍTICA COMO PROJETO DE FUTURO DE UMA COMUNIDADE PLENA

Vivemos uma época que frequentemente nos faz lembrar a ambivalência de Dickens na abertura de *Um conto de duas cidades*: "Foi o melhor dos tempos, foi o pior dos tempos. Foi a idade da sabedoria, foi a idade da tolice". Ainda que mal distribuídos, os indicadores de expectativa de vida, condições sanitárias, disponibilidade de alimentos e tecnologias são os mais favoráveis na história e, simultaneamente, é crescente o medo do futuro pelas ameaças ao meio ambiente e à vida, pelos conflitos armados que geram genocídios e terror. A complexidade das tecnologias, dentre elas a inteligência artificial, também vem gerando desafios que, por vezes, são vistos como ameaça à criatividade humana e como facilitadora da exploração do trabalho e do avanço das forças ultraconservadoras, nos embates que se multiplicam nas redes sociais.

Nesse cenário em que as pessoas oscilam entre o otimismo eufórico e o pessimismo apocalíptico, antagonismos que não se explicam pela estrutura de classes sociais vêm se tornando cada vez mais visíveis. Marcadores de gênero, sexualidade, raça e relação com o trabalho são cada vez mais borrados e rasurados, dissolvidos na não fixidez das identidades políticas.

Não por acaso, o avanço do neoliberalismo, como racionalidade, atua na produção de um discurso de inevitabilidade e urgência, com agendas pela liberdade individual e de mercado, por novas formas de governança e regulação em nome da eficiência e do caráter instrumental na política. Tal racionalidade, sem medir consequências, vem sendo articulada com o ultraconservadorismo em defesa da misoginia, da branquidade e dos valores da família e da cristandade.

Tais registros gerais indefinidos são formadores de alguns dos arquétipos políticos com os quais operamos na atualidade. As ações políticas são cada vez mais representadas por movimentos descentrados, desenvolvidos em rede, multiplicando reivindicações identitárias contrárias à misoginia, ao sexismo, ao racismo, ao etarismo, demandas locais e particulares articuladas a bandeiras globais, como demandas pela sustentabilidade do planeta e por uma vida mais vivível, com maior justiça social, em embate com demandas pela liberdade de mercado, pela defesa da inexistente família tradicional, pelo controle do comportamento feminino, pelo direito à propriedade privada, pelo retorno a um passado suposto como apaziguado e garantidor de paz social.

Surpreende, especialmente a pessoas de esquerda que militaram de variadas formas nos anos 1970 e 1980, a pouca ênfase em uma crítica mais direta ao modo de produção capitalista, ou mesmo aos empresários do grande capital ou ao capital financeiro, ou ainda a ausência de lutas na defesa de formas de emprego e trabalho com direitos trabalhistas valorizados no passado. Certo afastamento da política, por sua vez, é concebido por alguns como sintoma da desagregação social e, por outros, como evidência da necessidade de soluções técnicas para a política ou falta de consciência política e de conhecimento histórico.

Tal cenário impacta fortemente o currículo no país, na medida em que a escola, por maiores críticas que a ela sejam feitas, é interpretada como local onde se espera poder produzir alguma fixação e direcionamento, visando formar identidades emancipadas ou empreendedoras de si dispostas a trabalhar pela ordem social que evitaria um futuro de riscos. Tais identidades, frequentemente, são pensadas como formadas por determinados conhecimentos e competências essenciais.

A despeito de diferentes diagnósticos e finalidades sociais envolvidas, há, nos projetos identitários em curso, uma tentativa de organização que visa mitigar antagonismos e conflitos.

Neste capítulo, levo em conta este quadro impreciso e por demais genérico de alguns movimentos políticos para destacar uma argumentação que desenvolvo de forma um tanto reiterativa ao longo de minha trajetória de pesquisa: a importância do investimento em novas formas de interpretação da política, especialmente nos registros de esquerda, mas não apenas neles. Defendo a importância de outra noção de política para interpretar e agir no mundo atual, especialmente na educação. Considero que desconstruir a ideia de a educação ser garantidora de um projeto de futuro pode nos ajudar a pensar outras possibilidades políticas para o currículo, mas também para o social de forma mais ampla.

Na perspectiva discursiva e pós-fundacional com a qual pauto minhas pesquisas, defender o valor da política, de pensar e atuar politicamente, não implica operar com qualquer nostalgia das lutas políticas passadas ou das formas de conceber a política no passado. Mesmo porque esse passado nostálgico é também uma reconstrução discursiva: características positivas desse passado são ressaltadas, levando, no limite, a que se tenha nostalgia de um passado não vivido, suposto como mais ativo politicamente e produtor de efeitos pela força da imaginação.

Com outra noção de política, tampouco busco construir uma nova racionalidade para combater as racionalidades (e irracionalidades) vigentes. É justamente a forma de se relacionar com a razão na política que está em jogo. Meu intuito, diferentemente, é desconstruir a ideia de política como formação fixa de um projeto de futuro, defendendo a política como decisão contingente razoável.

Problematizo, então, a noção de sujeito da política, a ideia de um coletivo que luta por um projeto de esquerda voltado à democracia e à justiça social. Parto da desconstrução da identidade tanto do sujeito político — o povo, a comunidade, as classes desfavorecidas, os que não detêm os meios de produção, os oprimidos, os explorados, a multidão, os jovens — quanto do que vem a ser projeto, construção do futuro, um "telos" que se espera ser capaz de garantir uma dada transformação social. Defendo que a ampliação do entendimento da política como disputa pela significação nos afasta da vã tentativa de nos crer coesos e certos do futuro que estamos construindo. Ao mesmo tempo, empodera-nos e nos responsabiliza nas ações de transformação social. Não apenas na dimensão instituída da política — Estado, governos, organizações partidárias e movimentos político-sociais organizados —, mas também em todos os contextos sociais nos quais atuamos, conflituosamente, pela produção de significados e sentidos políticos.

Com essa perspectiva, tento questionar enfoques que, ao defenderem a importância da construção identitária do coletivo, capaz de atuar politicamente por uma transformação social, e assim projetar o futuro desejado, racionalizam a política e tentam torná-la um conjunto de regras — jurídicas ou históricas — ou de critérios consensuados que definam de uma vez por todas o centro da decisão mais acertada. Nessa racionalização, rejeitam dimensões conflituosas, assim como tentam afastar ambiguidades, afetos e diferimentos da política, seja pela incapacidade de estruturar tais dimensões, seja por julgar que tais dimensões não importam à política; são, em última instância, uma ganga residual a ser deixada de lado. Para tal, inicio discutindo a noção de sujeito coletivo que se espera ser o mobilizador das ações de transformação e de criação de um novo futuro, para em seguida finalizar com a defesa de outra noção de política.

O sujeito coletivo da transformação social

A desconstrução dos fundamentos do social e o questionamento da utopia de uma sociedade sem classes e sem poder, desenvolvidos pelos enfoques pós-fundacionais e pós-estruturais, abalaram a perspectiva teleológica dos projetos da esquerda. Aqueles que ainda defendem a importância de sustentarmos, de alguma maneira, a lógica fundacional, centrada na estrutura econômica e/ou na perspectiva de uma classe com ação central na luta política, muitas vezes o fazem com o argumento de que a luta política só pode se desenvolver pelo compartilhamento de uma certeza em relação ao projeto de transformação social a ser desenvolvido e, sobretudo, com a perspectiva de formação identitária do sujeito coletivo — a comunidade, o povo, a classe — que atuará socialmente por essa transformação.

O indeterminismo dos projetos de futuro e a impossibilidade de garantir certa ideia de progresso em relação ao presente desconstroem não apenas as utopias, mas também parecem retirar da política toda dimensão mobilizadora e sua capacidade de organizar os atores sociais em torno de um coletivo, dotado de força política frente a estruturas sociais opressivas. Esse indeterminismo tende a ser enfrentado pelos registros estruturais com questões, tais como: se nossas ações políticas não são garantidoras hoje de uma possibilidade de alcançar o sucesso para determinado projeto, como tomar uma decisão política? Por que atuar politicamente? Sem um projeto a ser alcançado e sem a formação de um sujeito político capaz de se mobilizar e, por isso mesmo, capaz de agir para a realização desse projeto, só restaria à construção do social a busca individual por garantir benefícios e interesses pontuais no momento presente. Estaríamos fadados a reivindicar o atendimento de demandas que, por serem tão contextuais e pragmáticas, não provocariam transformações mais profundas na ordem social e reforçariam o individualismo neoliberal. A organização de um coletivo que tem por centro a ideia de agência perderia seu sentido.

Zizek é um dos teóricos que, diante dessa possibilidade, posicionam-se a favor da permanência do entendimento de uma classe social como ator histórico central. Ele rechaça a oposição entre as lutas sociais dos sujeitos por demandas contingentes e a luta por questões eternas e absolutas — alguns diriam essenciais. Para Zizek, a humanidade contingente é o lócus de expressão do absoluto; cabe introduzir o historicismo radical no absoluto (Zizek, 2006, p. 111-112).

Tal interpretação é articulada a uma defesa dos excluídos e a uma crítica às lutas multiculturais que não se vinculam às demandas anticapitalistas dos trabalhadores.

Com base em sua leitura de Lacan, autor que, como já sinalizei, também influenciou Laclau e Mouffe, Zizek considera o sujeito um vazio que impulsiona a subjetivação, mas que o faz sem que o preenchimento desse vazio garanta uma identidade ontológica plena. Ao mesmo tempo que se desenrola uma resistência à subjetivação, também há um excesso na tentativa constante de preencher esse vazio. Parafraseando o autor esloveno, estamos privados de nossas experiências subjetivas mais íntimas, privados da fantasia fundamental que constitui e garante o cerne do ser de cada um de nós, pois não podemos experimentar, vivenciar esse ser mais íntimo (Zizek, 2010, p. 68). É por essa fantasia ser inacessível que o sujeito se torna vazio. Para entendimento dessa análise, é importante considerar, como destacam Glynos e Howarth (2007), que a fantasia não é uma imagem falsa do mundo, mas ela assegura que a contingência radical da realidade social e a dimensão política de uma prática permaneçam apagadas.

Diferentemente, contudo, de leituras pós-estruturais de Lacan (Stravakakis, 2010), Zizek conclui que, se os seres humanos estão abertos a possíveis novas subjetivações, *o sujeito é, simultaneamente, a condição transcendental de possibilidade e impossibilidade de todas as formas de subjetivação contingente* (*apud* Daly, 2006, p. 12). Por isso, para ele, o sujeito perdura e não pode ser vinculado, como em Derrida, a decisões contingentes — para Zizek (2006, p. 12), decisões efêmeras. É necessário pensar em seu limite último, o qual está situado na estrutura econômica. Há um antagonismo — a luta de classes — que sobredetermina todas as possíveis e diferentes subjetivações, apresentando-se como o universal concreto (Zizek, 2012).

A noção de *multidão* em Negri (2003) é outra tentativa importante de operar com um entendimento desse possível sujeito coletivo, desta vez buscando se aproximar um pouco mais de uma discussão da diferença. Para o autor italiano, multidão é uma multiplicidade de singularidades sem uma unidade representativa, mas com referência a algo comum. As singularidades em Negri, por inspiração deleuziana, expressam diferença, potência criativa e de ação, abertura e dinamismo. Tais singularidades não são representáveis como trabalhadores, são sujeitos que falam livremente. Mas ainda assim, Negri afirma que são sujeitos explorados, na medida em que constituem uma classe produtiva e não se apropriam dessa produção. As singularidades não são determinadas pelo todo, mas também não são indivíduos separados: *a singularidade é feita do conjunto e faz o conjunto* (Negri, 2003, p. 159).

A exploração é definida por intermédio da cooperação entre as singularidades, é a exploração das redes nas quais essas singularidades se conectam. Nota-se aqui a forte referência que Negri faz ao trabalho imaterial. Esse trabalho, para ele, tanto abre possibilidades de libertar o trabalhador, que se reapropria dos instrumentos de trabalho (no caso, o cérebro), como determina novas formas de exploração, ao valorizar a cooperação nos trabalhos cognitivos. A multidão, nesse enfoque, se contrapõe ao sentido de classe, passível de ser representado e vinculado ao sentido de trabalho material e à relação com os meios de produção. É o advento do trabalho imaterial (abstrato) que faculta ampliar a noção de classe para multidão, não apenas conceitualmente, mas também do ponto de vista ôntico. A multidão é o conjunto das singularidades de todos que têm cérebro e podem atuar criativamente nas redes de produção, não apenas os que trabalham. Mesmo que hoje tais singularidades sejam bloqueadas em sua possibilidade de dar valor ao que produzem — e por isso são pobres —, elas fazem parte da multidão e devem se incluir na luta anticapitalista.

A despeito da ênfase nas singularidades, Negri tenta construir uma noção de comum. Afirma que não pretende se remeter ao consenso, à identidade preconcebida ou mesmo à ideia de unidade. Diferentemente, apoia-se na ideia de rede de cooperação e de trabalho criativo, sem comando. Como discutido por Hardt, parceiro intelectual de Negri (Hardt; Negri, 2001), em entrevista para o jornal *Folha de S.Paulo* sobre as manifestações de 2013 no Brasil[1], a ausência de comando é uma força política da multidão, não há lideranças para serem contidas ou cooptadas. Simultaneamente, contudo, o comum é a potência constituinte da multidão, o "telos". A multidão é o *universal concreto*, um *agente social ativo* (Negri, 2003, p. 126). Ao fazer-se, a multidão nega a relação de obediência ao soberano e questiona a relação representante-representado na política em nome de formas de representação direta. A dimensão corpórea da multidão é bastante enfatizada por Negri — para ele, cada corpo singular é também uma multidão de moléculas. O corpo tanto é a potência criativa quanto é o trabalho vivo a ser explorado. Tal como o Império, a multidão está em todo lugar e expressa a potência dos corpos, sua capacidade de ir contra a exploração desses mesmos corpos.

Por mais que o poder de diferir esteja sendo considerado, o poder em Negri é submetido a um projeto imanente, à formação de um núcleo comum: a multidão. O sentimento compartilhado de ser contra a exploração e de expressar sua capacidade criativa não é justificado, parecendo que se trata de uma consequência direta da exploração do trabalho imaterial e da capacidade individual de ser criativo (como reitera Negri, todos têm cérebro). Com isso, o poder de diferir é remetido a uma estrutura social centrada no trabalho.

Em um questionamento à relação determinista das subjetividades com o trabalho, Laclau (1990; 2013) argumenta que a formação dos sujeitos políticos não é consequência direta de suas posições nas relações de produção. Não só por não serem essas as únicas posições que garantem o antagonismo desses sujeitos em relação ao capitalismo, como também porque a posição nas relações de produção não garante obrigatório antagonismo ao capital. O fato de se passar do trabalho material ao trabalho imaterial não modifica essa relação. Permanece

1. Disponível em: http://www1.folha.uol.com.br/poder/2013/07/1305450-protestos-recusam-representacao-politica-por-uma-democracia-real-diz-professor-dos-eua.shtml. Acesso em: 20 jun. 2025.

sendo possível ter seu trabalho explorado, sem se constituir como sujeito antagônico a essa exploração. Tal perspectiva não significa desconsiderar a luta contra o capital e contra o automatismo das leis de mercado, mas questionar a homogeneidade do social, pressuposta em muitas dessas lutas, e a tentativa de construir estratégias fora das relações políticas contingentes. A pressuposição de uma homogeneidade do social, por exemplo, permanece em Negri, como se para garantir a luta política contra o Império fosse necessário pressupor algo em comum entre as singularidades.

Não é meu objetivo aqui desconstruir as análises de Zizek e Negri, uma vez que outros já se dedicaram com mais propriedade a essa empreitada (Biglieri, 2011; Laclau, 2013). Trago alguns aspectos do pensamento desses autores para ilustrar possibilidades que tentam dar conta de um cenário mais complexo para a formação de um coletivo que busca um "telos" de transformação social. Interessa-me sublinhar que as análises de Zizek e de Negri, de formas distintas, remetem aos resquícios de um essencialismo na tentativa de justificar o projeto de unidade da classe trabalhadora ou da multidão que luta contra a opressão de toda ordem. Ainda que eles afirmem rechaçar uma definição ontológica dessa identidade essencial em nome de um fazer-se na luta política criativa da multidão (Hardt; Negri, 2001; Negri, 2003) ou na resistência-excesso do sujeito (Daly, 2006), não parecem querer se arriscar no questionamento da coesão e do direcionamento da finalidade pretendida, suposta como capaz de sustentar a unidade do sujeito político.

Laclau (2013), diferentemente, defende que a formação de um/uma *povo/comunidade/cadeia de equivalência* se dá a partir da *heterogeneidade social*. Seu confronto com o essencialismo se desenvolve pela noção de que não há uma superação dessa heterogeneidade, mas estancamentos provisórios da diferença remetidos a contextos específicos e à ideia de negatividade. O valor de uma demanda não é imanente, está sempre referido a uma luta política contextual específica, contingente, tornando qualquer projeto comum e qualquer coletivo uma articulação discursiva provisória sem qualquer plenitude ou garantia.

Não há uma essência positiva comum entre as identidades articuladas em uma cadeia, uma comunidade, um povo ou, se quiserem, uma multidão. Não há uma positividade comum que cimenta as articulações, garantindo-lhes uma unidade de projeto ou de futuro desejado.

Como desenvolvi anteriormente neste livro, tais demandas diferenciais não são necessariamente conscientes ou exclusivamente pragmáticas e específicas — conseguir um aumento salarial, a escola para os filhos, o posto médico perto de casa. Como apresenta Laclau em resposta à minha pergunta sobre os aspectos inconscientes das demandas:

> Pensemos na categoria lacaniana de falta: há algo que te falta, mas isso que te falta é algo ontologicamente impreciso. Todavia, em algum momento, demandas específicas se transformam em pontos de investimento dessa necessidade total. É um pouco como no amor, a ideia de que te falta algo e que uma pessoa vai te completar. A outra pessoa não tem nenhuma responsabilidade por não poder te completar, porque a falta é uma falta totalmente dominante, assim inclusive a mais exitosa das relações vai ser sempre um fracasso em última instância. Esse fracasso é inevitável, é constitutivo. Em toda demanda sempre há algo mais sobre o qual se está investindo (Laclau, 2015b).

Concluo, então, que demandas são também da ordem do desejo, objetos que não conhecemos e ainda assim almejamos, investimos na sua realização, por vezes, como é próprio do desejo, sem definição clara. Demandas por estar em um grupo, demandas assumidas por relações de amizade e confiança, quando se adere a um movimento por acreditar nessas relações e desejar apoiar o que amigos apoiam, demandas pelo sentimento de pertencer a um grupo, lutar por uma *causa* — mudar o mundo, por exemplo.

É nesse sentido que Laclau (2013) defende que as investigações sobre políticas não focalizem os grupos ou indivíduos, evitando o risco de pressupor uma subjetivação fora do jogo político. O foco nas demandas em jogo, que não necessariamente estão conectadas de maneira particular a uma instância e tampouco formam um núcleo duro[2], favoreceria entender os fluxos que constituem os sujeitos políticos.

Em *A razão populista*, Laclau explora a noção de demanda na constituição de um povo:

> A unidade do grupo, segundo minha visão, é o resultado de uma articulação de demandas. Esta articulação, entretanto, não corresponde a uma configuração estável e positiva, que poderia ser apreendida como um todo unificado. Ao contrário: posto que é natureza de todas as demandas apresentar reivindicações a uma certa ordem estabelecida, ela se encontra numa relação peculiar com essa ordem, situando-se no seu interior e fora dela. Como essa ordem não pode absorver completamente a demanda, ela não pode se constituir como uma totalidade coerente. A demanda, entretanto, requer algum tipo de totalização, caso ela se cristalize, enquanto reivindicação, em algo que possa ser inscrito no "sistema" (Laclau, 2013, p. 25).

Tal sistematicidade não apaga o diferir, a ambiguidade, nem permite a formação de uma identidade ou de um objeto conceitualmente apreensível. Daí Laclau insistir na nominação como a possibilidade de representar o irrepresentável e manter visível a heterogeneidade constitutiva:

> [...] qualquer demanda pressupõe uma heterogeneidade constitutiva — é um acontecimento que rompe com a lógica de uma situação. [...] esta heterogeneidade da demanda em relação à situação existente raramente se limitará a um conteúdo específico; será altamente sobredeterminada desde o início. A reivindicação de um nível mais elevado de salários, em termos de justiça, se enraizará num sentido mais amplo de justiça ligado a uma variedade de outras situações (Laclau, 2013, p. 328-329).

2. Nesse sentido, tendo a discordar da crítica de Barros (2020) à noção de demanda em Laclau, ainda que concorde que essa dimensão do desejo poderia ter sido mais explorada pelo autor em *A razão populista*.

Essa dinâmica não essencialista em relação às demandas faz com que sua aglutinação se desenvolva contra o que é representado como impedimento à realização da transformação social vinculada ao atendimento, pelo menos em parte, das demandas diferenciais. Esse antagonismo, também provisório e contingente, se faz no que tange a uma diferença excluída da articulação discursiva. Como destaquei anteriormente, essa diferença — um exterior constitutivo nos termos derridianos apropriados por Laclau — é simultaneamente condição de possibilidade da articulação (garante que a articulação exista) e de impossibilidade da articulação (confronta e bloqueia essa mesma articulação). Como exterior constitutivo, a identidade antagônica não é uma identidade sólida a ser exterminada da política sem que se considere que seu extermínio também implicará o extermínio das identidades constituídas pela cadeia de equivalência que contra ela se antagoniza. Ou seja, se exterminamos "eles", "nós" nos exterminamos.

Mouffe (2020), na discussão crítica em relação aos que defendem um momento pós-política, em nome de soluções racionais para os problemas sociais, afirma não haver como buscar uma superação dos antagonismos, das lutas e da opacidade do social. Daí não fazer sentido a utopia comunista de uma sociedade transparente e reconciliada, alcançada por meio da luta de classes. Mouffe ainda destaca o quanto tal perspectiva implicaria o fim da política, abrindo espaço para registros autoritários.

Por sua vez, tal forma de conceber o político (dimensões antagônicas conflituosas) como inserido no contexto da política (dimensão do instituído que busca organizar o antagonismo) nos leva à questão de como lidar com os antagonismos sem que a solução seja a morte daqueles que se antagonizam. É nesse perspectiva, crítica do liberalismo e dos registros essencialistas de esquerda, que Mouffe (1998) defende a hiperpolitização. A autora considera que traços das exclusões (exterior constitutivo) permanecem na constituição das identidades políticas. Nesse sentido, a possibilidade do agonismo, a disputa entre adversários que compartilham o compromisso com a democracia e a política, não pode ser alcançada por uma deliberação que desconsidere os afetos e os conflitos. É justamente por meio da admissão dessas dimensões que uma deliberação e eventuais acordos provisórios por articulação podem ser realizados sem gerar ainda mais violência. Tal enfoque implica também considerar que os grupos adversários só se constituem por meio de uma mobilização afetiva. Como destaca Mouffe (2020), a adesão à democracia não é uma decisão racional: é uma questão de identificação com os valores democráticos por meio dos afetos.

Penso aqui em movimentos como *Fora Collor, Diretas Já, Fora Temer, Lula Livre, Ele não,* mas também no *Ocupa Escolas* ou mesmo movimentos como o *Aqui já tem currículo,* liderado pela ANPEd contra o projeto de BNCC em 2016, e o movimento *RevogaNEM,* que buscava, em 2024, revogar a reforma do ensino médio instituída como lei no Governo Temer, em 2017. Por sua vez, mesmo com registros contrários à democracia e à justiça social, há também processos articulatórios em movimentos como *Fora Dilma, Movimento Brasil Livre, Escola sem Partido.* Todos se tornam metáforas que criam a ilusão de comunidades políticas coesas lutando por determinados propósitos. Por mais que a nomeação proposta expresse um ato específico — a derrubada de um governo, a libertação de um político, a revogação de uma lei, a ocupação de escolas —, as demandas e os desejos que levam à mobilização são muito mais amplos e diversificados do que o registro desse ato específico faz parecer[3].

Ao investigarmos as políticas em torno desses movimentos, torna-se importante considerar as identificações que eles produzem por meio da negativação de algo e o quanto as comunidades construídas em torno deles são marcadas por essa negatividade. Tais identificações e negativações dependem de um investimento libidinal, mobilizador de afetos. Como salienta Mouffe (2020), quando afetado por algo exterior, o *conatus* (o esforço geral para perseverar em nosso ser) experimenta afetos que o movem a desejar algo e agir em conformidade com esse desejo. Por sua vez, se os antagonismos que constituem tais identidades são cristalizados como a única expressão de toda luta política,

3. No caso do movimento *Ocupa Escolas*, ver Pinto e Lopes (2024).

minimizamos o jogo político, bem como a própria possibilidade de constituição de outros arranjos sociais, outros afetos; desfavorecemos o agonismo.

Laclau (1998) afirma que tomar uma decisão é como personificar Deus: não podemos ser deuses, mas agimos como se fôssemos, supondo instituir uma possibilidade de fundamento e construir um futuro. A meu ver, tal afirmação não deve ser lida de forma a apagar o caráter condicional do "como se" ao qual estamos submetidos, tentando tornar cada um de nós — no lugar de Deus — o sujeito capaz de neutralizar a disrupção dos acontecimentos.

A ausência de garantias em relação ao futuro, a ausência de certeza em relação a um projeto de transformação social ao qual todos se dediquem não inviabiliza, ao contrário do que poderia ser considerado, a formação de comunidades ou projetos políticos. Porque a comunidade não tem uma identidade pré-constituída ou fundamentada em uma estrutura, porque ela mesma é também contingente e constituída pelas equivalências entre demandas diferenciais, porque os projetos dessa comunidade são vagos, seus processos de formação dependem das lutas políticas contextuais e das demandas articuladas. Desse modo, comunidades e projetos permanecem sendo construídos, ainda que não tenham identidades plenas.

Como mencionei anteriormente, o sujeito, na interpretação de Laclau (2011), é o precipitado discursivo das articulações, uma decisão tomada em um terreno indecidível. A subjetivação é efeito de uma articulação. Não é uma identidade que faculta a uma pessoa se mobilizar conscientemente por uma causa, uma finalidade ou um universal concreto. Identificação/subjetivação são momentos de condensação provisórios e contingentes e, assim, não garantem *a priori* uma determinada mudança. Não são causa da ação política, mas efeito de uma ação política.

As pessoas se organizam em várias comunidades, de forma estratégica ou não, e são subjetivadas pelas ações políticas em diferentes contextos, não gerando com isso o fim do diferir atinente à discursividade, ainda que possa haver estancamentos desse diferir pela tentativa de formular um projeto que seja concebido como a ilusão de uma comunidade. Não se trata de pensar em pessoas que *têm* diferenças essenciais, que *são* singulares, na medida em que não há um ser que diga "eu sou" de forma plena e autoconsciente. Nem a diferença é uma propriedade a ser possuída. O movimento é de "estar sendo" na relação com o outro e em diferentes contextos, no diferir atinente aos jogos de linguagem que nos subjetivam e nas relações afetivas que nos mobilizam.

No jogo entre equivalência e diferença, os deslizamentos de sentido, a possibilidade de livre fluxo do significante, são incessantes. As demandas contextuais se multiplicam e se diferenciam em articulações que ora se sobrepõem, ora se desenvolvem de forma paralela às outras. Um esquema de uma única cadeia de equivalência garantidora de uma dada articulação discursiva contra um exterior assumido como antagônico (Laclau, 2013, p. 196) é uma forma de teorizar a dinâmica entre equivalência e diferença, mas não tem a pretensão de ser um retrato da complexidade de constituição do social. Há sempre várias cadeias/discursos se sobrepondo e se antagonizando. Ainda que possamos considerar que alguns momentos históricos pontuais podem ser interpretados como discursivamente construídos com base em uma cadeia de equivalência mais longa, essa é apenas uma forma de interpretar que não deve supor a inexistência de outros tantos movimentos articulatórios contextuais, associados a outras tantas demandas localizadas, outras tantas diferenças e deslocamentos.

Nessa perspectiva é que o projeto de transformação social — o "telos" — é também marcado pelo diferir. Não há uma razão, um cálculo, um texto que garanta a direção ou o resultado da ação de mudança. Mas ainda assim agimos, projetamos e atuamos politicamente. Não há uma lógica de pensar o social que garanta um fundamento a nossas opções políticas ou nos faculte a certeza de estar do "lado certo".

A política que guarda uma dinâmica racional e se configura como a tentativa de controlar o futuro é assim frontalmente questionada.

Insisto, contudo, que tal perspectiva não significa o abandono da política, mas seu aprofundamento em uma dinâmica contingente, a meu ver, capaz de ampliar as possibilidades democráticas e bloquear perspectivas redentoras e autoritárias.

A política como decisão contingente razoável

Como procurei argumentar até aqui, um dos desafios engendrados pela perspectiva pós-fundacional e pós-estrutural é o de compreender a política fora do projeto de controlar o futuro por meio do controle da identidade da comunidade coletiva produtora desse mesmo futuro. Tal enfoque se associa à crítica da perspectiva racional de política. A premissa de que necessitamos de princípios e regras bem definidos, apoiados em finalidades consensuadas, como garantia de formar uma comunidade capaz de exercer a política adequada à realização de um dado projeto perpassa, de diferentes maneiras, o pensamento social e a prática política.

No caso dos projetos educacionais, é tão patente essa perspectiva que mesmo quem defende perspectivas desconstrucionistas por vezes tende a analisar a educação de maneira a tentar garantir, em algum nível, a fixação de suas finalidades sociais (Biesta, 2006). E há elementos legítimos para tais tentativas, uma vez que a preocupação com a vida de estudantes e das gerações futuras faz parte do que nos afeta.

Particularmente no que concerne à definição do currículo nas escolas — conteúdos, atividades, conhecimentos a serem ensinados pelos professores, aprendidos pelos alunos e avaliados pelo sistema —, há todo um movimento na tentativa de precisar os critérios para tomada de decisões educativas. Significantes como precisão, finalidade, critério, articulados às ideias de princípio, base, projeto, planejamento, são utilizados na perspectiva de salvaguardar a qualidade, ou a democracia e a justiça social, ou mesmo o modelo de sociedade pretendido, nas mais diferentes vertentes teóricas e políticas.

No caso mais particular das perspectivas críticas de base neomarxista, tais significantes são também submetidos à ideia de que, por meio deles, o currículo pode ser tornado político. A precisão, a finalidade, o critério, os princípios e os projetos deixam de ser entendidos como neutros e técnicos, na linha tyleriana, e são subsumidos à deliberação política. A política, contudo, é submetida a uma racionalidade histórica e a um projeto de transformação social pensado por referência à estrutura econômica (ver, por exemplo, Apple, 2002). Tal projeto é concebido para ser desenvolvido com uma simultânea transformação do sujeito. Constitui-se, então, a ideia do sujeito emancipado, e o currículo escolar passa a ser pensado visando à formação da identidade desse sujeito (Lopes; Macedo, 2011). O projeto de emancipação do sujeito também é conectado com a formação de um sujeito coletivo — a classe trabalhadora, movimentos identitários, a comunidade disciplinar — em torno desse mesmo projeto.

Esse sujeito histórico e esse projeto de transformação social — dialeticamente associados — são concebidos como capazes de garantir o futuro almejado (Apple, 2002; McLaren; Farahmandpur, 2001; McLaren; Farahmandpur, 2010). Princípios e regras são construídos calcados no passado (história) ou no futuro (emprego, trabalho, mundo global, projeto de transformação social). Todo um esforço teórico, prático, financeiro e afetivo, pessoal e coletivo, passa a ser desenvolvido na direção do atendimento a esses princípios e regras, vistos como garantidores do projeto pretendido. Propostas curriculares, projetos para a prática das escolas, diretrizes e parâmetros, modelos de ensino e acordos sociais são construídos com a pretensão de garantir esse futuro (Lopes, 2024). Com a política dirigida aos fins, à utopia, ao porvir, muitas vezes não são analisados a existência, o ser-aí, o ser-no-mundo. As dinâmicas contingentes da política são apagadas.

Como discuti anteriormente, Laclau (1990) analisa a radicalidade da contingência que abala essa concepção de regras supostas como capazes de determinar uma direção para o social. Ele afirma a necessidade de questionar a ideia regulativa de coerência da estrutura. Não é porque o social é complexo e multifacetado que não damos conta empiricamente de constituir uma totalidade completa e não ambígua. A ambiguidade e a incompletude operam na própria estrutura. Com isso, ainda que o caráter contingente resulte de uma estrutura, ele não é determinado por essa mesma estrutura. Todas as regras são indecidíveis. Uma vez aplicadas, não se pode determinar o resultado dessa aplicação por meio das próprias regras. Elas são modificadas no processo de aplicação[4], dependem de quem está no controle da aplicação da regra e dos diferimentos associados à contingência da aplicação. Em outros termos, a decisão no interior da estrutura subverte a própria estrutura, descentra-a.

Nessa mesma linha de argumentação, Laclau (1990) salienta que o agente da decisão contingente é constituído na relação com a estrutura. Decidir significa bloquear, abandonar outras decisões. Nos termos heideggerianos, para cada desvelamento de um possível, várias outras possibilidades de ser são ocultadas. Os agentes da decisão têm suas identidades modificadas pelo ato de decidir. Não é o caso de uma mesma identidade que se expressa em contextos diversos. São diferentes identidades constituídas em diferentes contextos por decisões contingentes.

A objetividade e a subjetividade, como resultados de decisões contingentes, estão conectadas ao poder que viabiliza certa decisão e não viabiliza outras, com as quais mantém uma relação de incomensurabilidade. O poder produz possibilidades de ser, ao mesmo tempo que exclui/bloqueia outras possibilidades de ser. A natureza contingente da objetividade (e da subjetividade) também se expressa no fato de que toda objetividade se torna ameaçada pelo que exclui. O ato de poder não é absoluto e encontra-se constantemente ameaçado por outras possibilidades de ser, outras diferenças, com as quais se antagoniza.

Nesse sentido, só podemos falar em objetivação e subjetivação como processos discursivos. Uma vez realizadas a objetivação e a

4. Nesse sentido, a aplicação deve ser entendida como articulação, na medida em que a regra é reconstruída (Laclau, 1990).

subjetivação, construímos a história de suas justificativas, tentamos elaborar a narrativa racional que explica por que tais identidades foram viabilizadas. Tentamos retroativamente justificar a decisão pela qual temos que nos responsabilizar. A decisão que constitui a subjetivação (e a objetivação) é arbitrária, não tem um vínculo necessário com uma racionalidade que a determine como obrigatória, mas não é irracional. É razoável, faz referência, sempre *a posteriori*, a um conjunto de razões, sem que nenhuma dessas razões possa ser considerada o fundamento último, necessário, da decisão realizada na indecidibilidade.

É essa aposta no razoável, e não no racional, que confere maior liberdade à política. A liberdade é aqui referida à ausência de determinação, à abertura das possibilidades radicais de diferir e de ser. Não há um projeto, um conjunto de regras ou de razões — um "telos" — que governe ou predetermine tais possibilidades. Se há uma estrutura discursiva hegemonizada que nos significa de dada maneira, isso não impossibilita que essa estrutura seja deslocada de forma a viabilizar outras significações. Todavia, o ato de deslocar não é uma ação de um sujeito pré-constituído que decide ou não pelo deslocamento, que opera ou não em jogos de linguagem e deslizamentos de sentidos, que se dispõe ou não a traduzir. O sujeito é o resultado da impossibilidade de constituir a estrutura como tal; outras subjetivações serão constituídas tentando preencher as lacunas da estrutura. Se somos seres precários, ao decidirmos tentamos alcançar uma autodeterminação, por meio de diferentes identificações, que estão fadadas também a falir.

Contraposições às perspectivas pós-fundacionais de política tendem a afirmar que tais perspectivas são niilistas e imobilizadoras. Se a decisão não é racional, seria obrigatoriamente relativista — qualquer opção seria igualmente válida. Por isso, críticos do relativismo na educação tendem a recuperar enfoques fundacionais de base realista, afirmando lutarem pelos fundamentos de uma qualidade da educação para todos (Muller; Young, 2007; 2010; Young, 2007), como detalho mais adiante.

Recorro a Mouffe e Laclau (1990) e defendo que a perspectiva pós-fundacional não é um relativismo, no qual a crença sobre qualquer assunto é tão boa quanto qualquer outra. A diferença entre o pensamento pós-estrutural, considerado relativista, e aquele considerado realista, seja ele social ou não, reside entre se afirmar a existência de um ser dos objetos (nível ôntico) nos quais se apoiar, por experiência direta, e se afirmar que não existe um ser (uma essência) dos objetos, mas apenas uma existência contextual (dimensão ontológica) a ser compreendida de forma discursivamente mediada.

Tendo a gostar da solução de Laclau (2011) de subverter tanto o subjetivismo transcendental quanto o objetivismo essencialista por meio da análise das relações entre particular e universal. Em vez de oscilarmos entre as múltiplas verdades que se fundamentam na particularidade das diferenças e a verdade única que se apoia em um fundamento universal (que tanto pode ser o da ciência, como o privilégio ontológico de uma classe social ou qualquer outro fundamento), é possível operar com o universal como um particular que em algum momento se universaliza. A decisão sobre qual particular ocupa provisória e contingencialmente o espaço vazio do universal é uma questão de poder e de discurso. Conviver com a ambiguidade sem cerceá-la, admitir a imprecisão e os contornos vagos dos projetos nos quais investimos podem ser, então, formas de evitar a certeza mitificadora que remete ao essencialismo na significação. Podem ser também formas de evitar a racionalidade obrigatória que se supõe capaz de superar os atos de poder. Trata-se também de investir em ações desconstrutivas, pelas quais Laclau se aproxima de Derrida.

A ação desconstrutiva, nesse sentido, busca expressar as contingências de um discurso que se pretende universal. Isso implica não o apresentar como se estivesse imune à tentativa de hegemonização, no sentido de produzir outro centro, outro discurso, outro sentido. Se o jogo entre equivalência e diferença não deve implicar a predominância da primeira, também não significa a predominância da segunda. Se o poder oprime, exclui, bloqueia, ele também objetiva, subjetiva e capacita, não fazendo sentido, portanto, a expectativa de um mundo sem poder.

Neste mundo, não há nem haverá a certeza em relação a quem está do "nosso lado" em todos os espaços e tempos. Não há sequer certeza em relação ao que se entende como "nosso lado", uma vez que a construção discursiva do coletivo no qual nos inserimos é também parte de nossa própria subjetivação. É com base nessa incerteza que é construída a solidariedade capaz de ampliar as cadeias de equivalência que potencializam transformações sociais. Nesse movimento entre equivalência e diferença são produzidas transformações a todo tempo, em todos os espaços, outras políticas de significação do mundo.

Mais do que fazer/prever o futuro, pensar a contingência nos coloca na situação de interpretar o que fazemos no presente, hoje, agora, em cada contexto no qual atuamos, em cada contexto criado em função de subjetivações e objetivações discursivamente produzidas. Saber que somos seres precários, que não temos consciência nem um centro definidor de nossas ações, que não controlamos todos os possíveis sentidos do que falamos, que somos discursivamente produzidos, não é uma desresponsabilização política. Talvez nos faça mais modestos, menos definitivos e autoritários em relação às verdades que defendemos. Mais abertos à alteridade, à obrigatória negociação com outras formas de significar o mundo. Compromete-nos com a justificativa do que se julga ser razoável, com a abertura de possibilidades de significação, com a não aceitação de verdades estabelecidas e razões apresentadas como obrigatórias.

Com isso, talvez sejamos menos ambivalentes em relação aos tempos atuais e tenhamos menos medo do futuro. Talvez voltemos menos às palavras de Dickens sobre o tempo da Revolução Francesa e pensemos mais nos dizeres e fazeres da ambiguidade de qualquer tempo, apostando em entender o que estamos possibilitando hoje e com o que estamos nos comprometendo. Esta pode ser uma das maneiras de promover as transformações políticas que afirmamos desejar.

REPRESENTATIVIDADE E DEMOCRACIA NA POLÍTICA DE CURRÍCULO

Os vínculos entre representação e democracia tendem a ser imediatos, uma vez que a noção de democracia mais corrente nas nações republicanas contemporâneas vincula-se à democracia representativa, à capacidade de a política representar as demandas da maioria da população em nome de um dado projeto de sociedade menos excludente. As críticas a essa forma de democracia são associadas, muitas vezes, à desconfiança em relação à classe política e à difusão de um discurso de combate à corrupção ou à deterioração social, no registro de um populismo de direita (Mouffe, 2020). Tais críticas tendem a ser desenvolvidas por meio da defesa de uma democracia direta, na qual, supostamente, a representação seria substituída pela apresentação direta das demandas e reivindicações por aqueles considerados cidadãos ou sujeitos esclarecidos participantes no processo político.

Tal discussão impacta as políticas de currículo, na medida em que se discute o caráter democrático das ações desenvolvidas, por exemplo, em nome da qualidade da educação, bem como se demanda a representatividade dos sujeitos da educação na formulação de tais políticas. Historicamente, o maior caráter democrático de uma política de currículo é associado à capacidade de a política representar os interesses de docentes e discentes, ou mesmo de responsáveis pelos discentes, tornando-os participantes da produção de textos políticos. Essa é uma discussão central, por exemplo, na teoria crítica de Apple e Beane (1997).

Nesse caso, a política é frequentemente limitada aos textos políticos produzidos na esfera estatal (oficial). A qualidade da educação é uma reivindicação usual, vinculada à ideia de que o currículo precisa garantir a possibilidade de crianças e jovens permanecerem na escola e atingirem os níveis instrucionais julgados necessários a um projeto de sociedade. Como qualidade da educação se tornou um sintagma apropriado por todos — todos que são pela educação —, os discursos críticos, a partir de certo momento, passaram a adjetivar essa qualidade como social (Matheus; Lopes, 2014). Por essa adjetivação, a qualidade foi associada à finalidade de formação de identidades vinculadas à emancipação e à justiça social em uma sociedade democrática.

Nas disputas políticas por sentidos de qualidade da educação no currículo, a representação assume, pelo menos, dois níveis: o do texto político como representação de demandas sociais; e o de autores e autoras dos textos políticos como representantes das demandas por qualidade da educação que se busca incluir nesses mesmos textos. Essa discussão, de certa forma, foi consensual durante muito tempo. Agíamos como se tivéssemos certeza quanto à identificação do registro democrático de uma política de currículo. Muito antes de nos confrontarmos com os riscos para a democracia que vivemos hoje no país e no mundo, com a ascensão do populismo de extrema-direita, esse consenso já havia sido abalado.

Atualmente, cada vez se mostra mais difícil dizer o que é democracia ou identidade democrática. Com a interpretação teórica de que há um descentramento das identidades dos sujeitos políticos, tornou-se impossível fixar posições de sujeitos no contexto social em qualquer registro, inclusive o da luta por mais democracia. Como discuti anteriormente com Laclau (2011) e Mouffe (2020), passamos a lidar com processos de identificação, nos quais o diferir pode ser provisoriamente estancado em uma articulação hegemônica, em dadas relações de poder, remetendo as identificações aos registros contextuais. Nesse enfoque, diferença não é uma essência, a apresentação de uma estabilidade identitária: remete a fluxos, movimento de diferir, relação com o outro, produzindo-nos e produzindo contextos. Não é uma pluralidade de entes que podem ser apresentados como "os diferentes", por referência a um padrão que se quer igual (uma mesmidade, um centro).

Assim, a discussão sobre a democracia nas políticas de currículo não parece mais poder ser vinculada à capacidade de essas mesmas políticas atenderem aos interesses, por exemplo, das classes sociais destituídas de poder econômico. Isso porque, se os atores sociais não podem mais ter suas identidades fixadas a uma posição de classe, como fixar o que vem a ser interesses de uma classe social?

Outra questão problemática refere-se a como entender a participação de docentes e discentes na produção dos textos políticos. Se entendemos que não há uma separação entre proposta e prática, e que sentidos das práticas curriculares estão hibridizados e são traduzidos em toda e qualquer proposta (Lopes; Macedo, 2025), como entender o que significa inserir os interesses de professores, professoras, alunas e alunos em representações das políticas? De forma geral, como entender a representação dos interesses de uma sociedade, se não mais podemos fixar em determinados sujeitos a filiação a certos interesses? Igualmente, se pensamos na flutuação de sentidos de qualquer significante, mas ainda mais compreensível em significantes politicamente associados à democracia, tais como emancipação e justiça social, como definir democracia e representação?

Em síntese, o descentramento e as identificações na contingência não permitem, *a priori*, vincular sujeitos às práticas democráticas. A filiação histórica a partidos políticos associados a demandas consideradas democráticas, a defesa de princípios das teorias curriculares críticas ou mesmo a militância em movimentos sociais populares deixaram de ser consideradas garantias de ações democráticas na representação de demandas educacionais nos múltiplos contextos de produção das políticas de currículo. Passa a ser necessário investigar as demandas postas em jogo quando diferentes atores sociais se engajam, como representantes de muitos, em outros contextos sociais. Em outros termos conceituais, precisamos entender como tais atores são subjetivados na luta política.

Se pensarmos nas ações governamentais em nível federal em nossa história recente, as constantes críticas à continuidade de certas políticas — avaliação de livros didáticos, avaliações centralizadas nos resultados, regulação de competências docentes, diretrizes e referenciais curriculares nacionais, Base Nacional Comum Curricular, políticas baseadas em evidências — em governos liderados por partidos políticos distintos apenas corroboram a complexidade da discussão em pauta.

Talvez nos dias de hoje fique ainda mais patente que falamos de democracia e justiça social não por referência a um conceito; não pelo que são, mas pelo que não são. Não é possível dizer, de forma plena e definitiva, o que cada um desses significantes representa, mas nos identificamos e nos posicionamos quando vemos uma situação em que a democracia e a justiça são aviltadas. Tentativas de golpe de Estado, violências cotidianas e genocídios são alguns casos recentes que podem vir facilmente à mente.

Nessa perspectiva teórica, diante de sujeitos descentrados, fluxos e diferimentos constantes, estabilidades provisórias e precárias, ainda é possível defender um projeto de democracia nas políticas de currículo? Como pensar a possibilidade de representação democrática de demandas curriculares nas políticas? Como resolver o paradoxo em que se enredam as políticas de currículo: serem democráticas por atenderem, em alguma medida, a um projeto para todos e serem democráticas por atenderem a diferimentos contextuais, tantos quantos forem possíveis de serem produzidos em múltiplos contextos? Defendo que tais questões podem ser mais bem formuladas e interpretadas por meio dos questionamentos à noção de representação pela virada pós-estrutural.

A representação envolve vários sentidos: retratar ou descrever na mente ou em uma imagem um determinado sentido; simbolizar pela linguagem uma ideia, um conceito ou uma imagem; o ato ou efeito de designar pessoas para agirem ou falarem em nome de outras. A partir desses sentidos, é possível dizer que a representação envolve colocar algo em lugar de outro. Desse modo, toda linguagem envolve representação, na medida em que falamos com a intenção de que nossas palavras (imagens acústicas) possam representar referentes — objetos, concepções — ausentes no processo de comunicação. Os significantes enunciados são tentativas de remeter a determinados sentidos e significados, de forma a produzir uma significação discursiva com a qual operamos no mundo.

Com Lacan (1994; Coutinho; Ferreira, 2005; Darriba, 2005; Ferreira, 2002), antes mesmo da ruptura da estrutura do signo proposta por Derrida, há o aprofundamento da separação entre significante e significado inicialmente desenvolvida por Saussure. Para Saussure, a constituição do signo linguístico é arbitrária: não há relação obrigatória entre um dado significante e o significado associado a ele em uma língua, tanto que podemos ter diferentes significantes, em diferentes línguas, para o mesmo significado. Apesar dessa arbitrariedade, significante e significado são indissociáveis no signo linguístico, tal como o verso e a frente de uma folha de papel.

Lacan desconstrói essa ideia de signo, por intermédio do entendimento do significante como puro *nonsense*. Ele pode significar qualquer coisa, não representa nenhum significado específico, não tem referência obrigatória a nada. Pela análise do conto "A carta roubada", de Edgar Allan Poe, Lacan argumenta como o significante pode produzir sentidos à revelia de o significado ser conhecido pelo sujeito — a carta não precisa ser aberta para produzir sentido. Só é possível estabelecer uma significação por referência a outros significantes em uma cadeia sem fim de traduções. Não há significação primeira nem última, só há a interpretação das interpretações, ressignificações que se multiplicam indefinidamente. Como discute Darmon (1994), se mantivermos a metáfora descrita por Saussure, o significado pode estar além das bordas da folha de papel.

Se for considerado, todavia, que os significantes não representam significados e que os significados deslizam nos múltiplos significantes, há que se compreender o que detém o livre fluxo dos significados e permite falar em leituras e interpretações privilegiadas. Torna-se importante compreender o que permite a comunicação e algum nível de consenso, ainda que contextual e provisório, em relação aos significados nas políticas, dentre elas, as políticas de currículo.

Como já pontuei, com base na teoria do discurso, defendo que os textos das políticas de currículo só podem representar a política se forem compreendidos como parte de uma dada articulação hegemônica, inseridos em um discurso que tenta fixar, ainda que provisoriamente, determinadas significações. Na teoria do discurso, os pontos nodais e os significantes vazios são duas dimensões do fechamento da significação. Enquanto o ponto nodal vincula-se à prática articulatória que torna um dado particular a expressão do universal, os significantes vazios remetem ao caráter vazio dessa significação universal (Laclau, 2008a).

Incorporando a desconstrução derridiana da estrutura do signo, a representação não tem a possibilidade de ser plena e transparente (Laclau, 1993; 2001; 2013). Ela envolve a esfera representada na política, introduzindo suplementos tanto no representante quanto no representado. O suplemento é um significante simultaneamente adicionado a outros significantes e em substituição a algum significante, acréscimo de sentido e modificação dos sentidos. Para Derrida (*apud* Ottoni, 2005; Santiago, 1976), a escrita é o suplemento do pensamento, pois deve representá-lo. O pensamento necessita da escrita para ser pleno. Mas ao mesmo tempo que substitui o pensamento, a escrita introduz outros sentidos. Os significantes permanecem sendo capazes de flutuar, bem como de se inserir em outras formações discursivas. A noção derridiana de *différance* visa a expressar o caráter suplementar da escrita — acrescentar algo e substituir a fala simultaneamente. Derrida, ao propor a grafia *différance* em vez de *différence*, acrescenta, por intermédio da letra *a*, algo que não se percebe pela fala (há uma mesma pronúncia para as duas grafias). Desse modo, ele realiza um jogo linguístico que combina diferentes sentidos do verbo *différer* — diferir e adiar —, ao mesmo tempo que complica a separação que Saussure realiza entre fala e língua (o neografismo *différance*, em francês, só se diferencia pela escrita e não pela pronúncia).

Como todo significante tem caráter de representação — representa a presença ausente do significado —, toda representação tem caráter de suplemento, na medida em que se refere ao que está ausente e simultaneamente introduz novos sentidos. Operar com suplementos significa pressupor que não existem presenças plenas, uma vez que a plenitude tornaria os suplementos desnecessários. Se precisamos suplementar, se lidamos com representações, é porque estamos sempre buscando preencher uma lacuna na significação. Nesse sentido, não há origem ou significação primeira, há apenas ressignificações e produção de sentidos pela introdução de suplementos, pelo remetimento de um significante a outro significante. Os espectros nos assombram o tempo todo, desestabilizando o que se julga estável (Derrida, 1994).

Como já discuti aqui, essa falta no processo de representação, essa ausência de plenitude e de positividade confere à política seu caráter de indecidibilidade e faculta espaço para subjetivação. Não há mais estruturas plenas com fundamentos sólidos, apenas estruturas falidas, no sentido de que lhes falta um fundamento que garanta sua integridade e fechamento. No mesmo movimento, nenhuma representação tem a possibilidade de ser plena e transparente, permanece a falta que lhe é constitutiva, um abismo que se busca fundamentar precariamente.

Toda e qualquer representação provisória e precária da sociedade, ou de qualquer outro fenômeno social, é um processo metonímico, em que uma parte — uma fixação parcial — é tomada como o todo a ser significado. É nessa perspectiva que se pode falar de uma tendência ideológica da representação, na medida em que tenta expressar uma plenitude ausente. Para Laclau (2006a), uma ideologia é decorrente de um conteúdo particular se apresentar como mais do que a si mesmo em um movimento metonímico. Mas como todo processo hegemônico implica o processo de um particular assumir a representação equivalencial do todo, subvertendo sua própria particularidade, a dimensão ideológica, na teoria do discurso, é necessária, não se vinculando obrigatoriamente a nenhuma conotação pejorativa (Laclau, 2006b), ao contrário da tradição do termo. A possível crítica à ideologia pode ser pensada apenas na perspectiva de uma dada representação, ao ser apresentada como plena, negar sua relação com o particular e estabelecer a si própria como o universal em um movimento catacrético.

Em síntese, a ilusão de transparência na linguagem subjaz a pretensão de uma representação perfeita, pela qual a disposição de um significante reapresentaria, tal e qual, o objeto, o conceito, a imagem, o sujeito ao qual ele se refere. Por meio dessa ilusão, supomos falar na intenção de que nossas palavras (imagens acústicas) possam apresentar dados, objetos, pessoas e concepções ausentes no processo de fala. Os significantes enunciados por nós seriam assim tentativas de remeter a determinados sentidos e significados, de forma a produzir interpretação com a qual operamos no mundo.

Tal interpretação sobre o ato de representar pode ser pensada também para a representatividade na política e nas relações sociais. Como argumentei até aqui, não havendo estruturas fixas nem centradas, a ordem social só pode ser criada por relações hegemônicas precárias. Não há como representar plenamente o todo social. A sociedade como um todo estruturado e fixo não existe; há sempre um excesso de sentido a ser simbolizado do qual não se consegue dar conta. Permanece o fluxo do diferir, jogos de linguagem que podem produzir novas significações contingentes. Por essa leitura, a sociedade como um todo estruturado e fixo, pré-discursivo ou extradiscursivo, não existe. Ou, nos termos de Laclau e Mouffe (2015), a sociedade é impossível.

Desse modo, igualmente não haverá transparência nas ações de um representante político quando alçado à função de ter que apresentar em outros contextos as demandas de seus representados. Para exercer sua representação, o representante terá sempre que reconstruir e transformar essas demandas e, por conseguinte, reconstruir e transformar a identidade daqueles e daquelas a quem ele representa, uma vez que terá que inseri-las e negociá-las em outro contexto, diferente daquele no qual elas foram primariamente significadas.

Como discute Torfing (1999), a representação envolve um processo suplementar no qual as identidades do representante e do representado se hibridizam. Nessa perspectiva, a democracia deixa de ser vista como garantida por uma transparência na representação, de maneira que o representante seja aquele que expresse plenamente as demandas dos representados. Não porque tal democracia direta deixa de ser válida ou eficaz, mas simplesmente porque tal caráter direto é impossível, mesmo quando é compreendido como necessário ou justo.

A ilusão que se insere na ideia de total emancipação é a suposição de ser possível eliminar a representação. Os sujeitos emancipados seriam capazes de expressar plenamente suas demandas e poderiam satisfazê-las por intermédio da transparência dessas demandas no espaço de representação. Mas se entendemos que não há identidades plenas, apenas diferenças em jogos de linguagem contingentes e sujeitos cindidos nunca plenamente constituídos, não há possibilidade de representação plena. A simples passagem do representante para um novo contexto — nas políticas de currículo, o pesquisador que se desloca da Universidade para o governo; o professor que se desloca da escola para a Universidade; as demandas que se deslocam das redes de escolas para as esferas governamentais; as demandas das agências reguladoras que se deslocam para as escolas; o significante que se desloca nos diferentes textos e discursos — implica novas articulações e novas identidades. Nem as próprias vontades individuais dos representantes são as mesmas quando estes mudam de contexto.

Isso não significa a impossibilidade de representação democrática, mas a necessidade de considerar a representação como um terreno precário, uma luta identitária constante. Aos representantes, não cabe expressar uma vontade constituída em outro lugar que não aquele onde a decisão política se efetiva, mas assumir seu papel ativo na constituição dessa vontade (Mouffe, 2020). Há disputas de sentidos e significações, em maior ou menor medida, há relações de poder bloqueando e possibilitando ações democráticas, mas isso não impede, de uma vez por todas, nem a democracia nem a representação.

Como venho insistindo, continuamos afirmando certas políticas como não democráticas. Afirmamos nossas certezas em relação ao caráter democrático ou não de muitas das políticas que são desenvolvidas hoje nas diferentes esferas públicas ou privadas. Sustentamos essa noção de democracia em uma luta política contextual, em determinadas situações, que não podem ser replicadas de forma geral por alguma identificação específica, sólida e fundamentada.

Uma das formas de expressar essa democracia pode ser associada à tradução, à possibilidade de multiplicação de espaços de poder nos quais se invista na desconstrução de registros sedimentados. É nessa perspectiva que Butler (2004) sinaliza para o paradoxo de a democracia ser assegurada precisamente por sua resistência à realização. Caso seja assegurada, a democracia morre, porque se supõe fixar a luta pelo poder. Ou, nos termos de Bennington e Derrida (2004), a democracia é uma promessa, mas não se deve esperar que a promessa se cumpra. Há que se atuar aqui e agora para que a democracia prometida aconteça.

No que concerne às políticas de currículo, a democracia pressupõe manter aberta a possibilidade de negociação de sentidos com diferentes demandas, considerando o lugar do poder (o universal) como vazio. A defesa de certas opções curriculares — saberes, valores, projetos, finalidades — por referência a argumentos de universalização — quais conteúdos são os mais corretos, cientificamente comprovados ou baseados nas disciplinas acadêmicas, necessários a todos, ao mundo global, à cidadania, qualquer argumento —, do ponto de vista absoluto, não me parece contribuir para o processo democrático.

Nessa perspectiva, bandeiras como emancipação social, justiça social, liberdade, cidadania crítica, qualidade da educação não são abandonadas, mas certamente é abandonada a possibilidade de definirmos *a priori*, fora da luta política, um conteúdo para essas bandeiras. Também é abandonada a perspectiva de que o possível consenso para a definição de seus conteúdos não inclua os conflitos com outras definições. Assumir o constante conflito para hegemonizar determinadas posições e preencher o vazio desses significantes é o que pode nos colocar em um horizonte democrático na política. Considerar que qualquer consenso é uma ilusão de entendimento ao qual aderimos também faz parte dessa interpretação.

O texto de uma política curricular, mesmo o texto normativo, que tem a pretensão de clareza e transparência, tenta representar um currículo e, em dados contextos, deter o livre fluxo dos significados, visando determinar leituras, práticas e interpretações privilegiadas, considerando a possível transparência entre texto e contexto. Em textos curriculares que ganham a assinatura oficial, significantes como qualidade da educação, cidadania, projeto de nação, itinerário formativo, competências, projeto de vida, protagonismo juvenil assumem diferentes sentidos, e dessa forma, expressam a flutuação necessária a incorporar diferentes demandas. Por intermédio dessa flutuação crescente, vão se esvaziando de significado, um vazio também nunca plenamente alcançado. É mesmo possível falar de um vazio cheio, borrado, rasurado.

Na medida em que os textos das políticas de currículo são construídos também em outros lugares que não a escola, o caráter democrático desses textos pode ser ampliado se considerarmos a multiplicação dos espaços de poder e de tradução, com consequente espaço para a transcriação dos sentidos das políticas.

Textos políticos, tentativas de representação da política, buscam fechar a política em uma dada significação, fixar determinadas identidades e produzir determinados consensos. Mas podem realizar tal propósito de maneiras distintas. Podem ser produzidos de forma a considerar que serão reescritos pelo outro, que a tensão com o campo da discursividade impedirá seu fechamento completo; ou podem ser inseridos em uma política cujo foco é a cristalização de sentidos nas legislações e normas dirigidas às escolas, visando à sua mera implementação. A meu ver, manter os textos abertos a negociações contextuais obrigatoriamente conflituosas amplia seu potencial democrático. Para tal, os processos de representação devem procurar expressar sua contingência, em vez de ocultá-la.

Produzir um documento curricular, assim como escrever um texto como este, é se engajar em uma disputa por certos sentidos e significados em detrimento de outros, disputar uma dada fixação, uma dada representação. Mas também se insere na disputa pela possibilidade de desconstruir sedimentos e fixações. Podemos estar nessa disputa considerando que há uma razão absoluta, um fundamento único que define a verdade da representação que construímos, fazendo dessa representação o reflexo de uma objetividade; ou podemos estar nessa disputa entendendo que ela mesma é uma disputa entre representações provisórias, precárias, limitadas. Por tudo que argumentei até aqui, parece-me que a segunda opção apresenta maior potencial democrático e nela tento investir radicalmente.

NORMATIVIDADE E INVESTIMENTO RADICAL NA POLÍTICA DE CURRÍCULO

Um dos principais questionamentos realizados à teoria do discurso refere-se ao seu déficit normativo. Na medida em que se trata de uma teorização que focaliza centralmente a política, faltaria a ela uma problemática sobre o conjunto de princípios e normas, mesmo que genéricas, capazes de balizar a decisão entre opções políticas. Tais princípios e normas, por sua vez, seriam vinculados à possibilidade de construir um determinado projeto social e, por conseguinte, de orientar formas de intervenção política, tanto na esfera do Estado quanto da sociedade civil. A inexistência de normas é vista assim como inviabilizadora de propostas de intervenção política, principalmente em direção a uma sociedade menos excludente e mais democrática.

Se a sociedade democrática é concebida como o acordo em relação a certas formas de racionalidade pelo bem coletivo, pela ética e pela justiça social, ou ainda o acordo em haver deliberação política com base nessa racionalidade, a crítica discursiva à racionalidade da política, constitutiva do trabalho de Laclau e Mouffe, nos envolveria em um relativismo desmobilizador da luta pela transformação político-social. Uma vez que essa questão é articulada ao descentramento do sujeito, há também a interpretação de que os atores sociais deixariam de ser responsáveis por práticas de transformação do *status quo*. Para Critchley (2008), ao mesmo tempo que a teoria do discurso tem a grande virtude de orientar como hegemonizar um determinado quadro normativo, não é capaz de orientar como diferenciar hegemonias democráticas das não democráticas.

As perspectivas de pluralidade agonística de Mouffe (2006) e de democracia aversiva de Norval (2000; 2008), confrontadas entre si por Mendonça (2010), são tentativas de explorar — no âmbito dos enfoques pós-estruturais e discursivos centralmente vinculados a Laclau — possibilidades de respostas a essa problemática, sem recorrer a alguma dimensão universalista e sem desconsiderar os antagonismos sociais. Para Mendonça (2010), a democracia aversiva de Norval é mais potente na proposição de elementos normativos para a política em enfoque pós-estrutural e discursivo, pela valorização da argumentação e, por conseguinte, da retórica, na deliberação política, em detrimento de enfoques racionalistas não argumentativos.

Minha intenção no presente capítulo é explorar o debate sobre a normatividade, com referência ao currículo — e, de certa forma, à educação de maneira geral —, na medida em que entendo que a questão da normatividade se agudiza quando se trata da política curricular. Como já destaquei, nas mais diferentes teorias educacionais, dentre elas as curriculares, a educação é concebida como formadora de sujeitos e identidades. Isso se conecta fortemente à normatividade, muitas vezes adjetivada como ética. Essa normatividade pode ser exacerbada, como no registro instrumental, se convertendo em um conjunto de regras de como agir na prática curricular. Mas pode assumir também um registro compreensivo quando se conecta às possibilidades de intervenção crítica para melhoria da qualidade da educação e, por conseguinte, para a mudança do *status quo*. Mesmo pós-estruturalistas capazes de questionar os fundamentos e as estruturas são por vezes defensores de alguma normatividade ética no âmbito das escolas e da educação de uma forma geral (Biesta, 2006; Szkudlarek, 2011; 2013), uma vez que se trata de um contexto voltado aos "nossos filhos", aos que virão depois de nós e ao legado de nós mesmos para o futuro. Mostra-se como legítima e justificável tal preocupação. Ainda assim, é importante revolver tal sedimentação e entender os efeitos que ela produz. Frequentemente, tais efeitos são contrários ao que os próprios defensores da normatividade pretendem.

No momento atual, essa problemática se conecta à redução da política curricular à política do conhecimento a ser ensinado/aprendido nas escolas (Macedo, 2017) e às pretensões de construir um protagonismo juvenil voltado à construção de projetos de vida (Fernandes; Lopes, 2024; Lopes, 2024). As tentativas dos últimos 30 anos de buscar definir princípios para mudar o paradigma curricular do país, bem como todos os esforços para definir no Brasil uma base curricular comum nacional para a educação básica (Brasil, 2018a), com destaque para a reforma do ensino médio (Brasil, 2018b), são apenas exemplos pontuais de um movimento mais amplo que tenta normatizar o currículo e, por meio dele, o conhecimento e as identidades dos estudantes, de forma a orientar um dado projeto de sociedade.

Esta discussão tem merecido diferentes interpretações no âmbito curricular. Os enfoques críticos, potencializados pelo discurso estadunidense da reconceptualização curricular dos anos 1970, de grande impacto no Brasil, se instituíram pelo antagonismo a todo aparato prescritivo que pautou os enfoques instrumentais. O questionamento à prescrição tem vínculos com as mudanças na forma de compreender as relações entre teoria e prática e a busca de superar uma relação hierarquizada entre os teóricos de currículo e os professores nas escolas. Essa relação, como discutem Pinar *et al.* (1995), tende a ser concebida como estruturada verticalmente, de maneira a formular a resistência docente como derivada de uma prescrição especializada.

Vale destacar que os enfoques críticos também foram muito questionados — e ainda o são — por não apresentarem orientações mais realistas para o desenvolvimento curricular. Essas críticas foram elaboradas mesmo por aqueles que consideraram não ser possível eliminar a lacuna entre a teoria curricular e as múltiplas e idiossincráticas práticas curriculares (Donmoyer, 1989). Mobilizados pela busca de formas de intervenção, os teóricos críticos, contudo, não deixaram de se envolver em uma defesa de certa normatividade propositiva. Esta normatividade vem sendo atualmente abalada pelas perspectivas discursivas e pós-estruturais, discutidas até aqui, que salientam os vínculos entre poder e conhecimento e reforçam a contextualização radical dos discursos e contingência na política, dentre elas, a política curricular.

Talvez também por isso as vozes em defesa de uma normatividade no que concerne ao currículo e ao conhecimento escolar (Young, 2014a; Deng, 2021; 2022; Muller, 2023) sejam cada vez mais presentes, questionando os enfoques pós-estruturais por seu relativismo, por sua sofisticação teórica que supostamente afastaria ainda mais os professores da teoria curricular, ou ainda por sua negativa em propor normas políticas que garantam um projeto — emancipado, democrático, justo ou simplesmente de um futuro mais inclusivo — por intermédio do currículo escolar.

Meu interesse, na abordagem dessa problemática, é defender, apoiando-me na teoria do discurso, a produtividade do que vem sendo denominado déficit normativo. Em caminhos distintos de Biesta (2006), Szkudlarek (2013) e Norval (2000; 2008), que assumem o déficit normativo dos enfoques pós-estruturais e tentam solucioná-lo de diferentes modos e com diferentes propósitos, realizo a defesa da produtividade política do déficit normativo, alinhando-me com Mendonça (2014). Defendo que esse déficit consiste mais apropriadamente em um vazio normativo. Defendo ainda que esse vazio se constitui não pela simples ausência, mas pela impossibilidade de plenitude, de fundamento. Tal impossibilidade remete à possível disputa em relação à tentativa de alcançar a plenitude ausente. A partir daí, procuro questionar a proposta de uma normatividade para o currículo e para o conhecimento escolar. Esse confronto é realizado por meio da defesa de um investimento radical, simultaneamente teórico e político.

Espero deixar claro que minha concepção de teoria do currículo, como afirmei na introdução deste livro, não se afasta dos professores e da prática das escolas; ao contrário, pode contribuir para sua maior aproximação. Defendo uma teoria de currículo que não se vê como produtora da racionalidade que constitui a norma a ser seguida para guiar a política, as escolhas de conteúdos curriculares e de políticas de identidade nas escolas. Trata-se de uma teoria que busca o risco de teorizar sobre o imprevisto, o contingente, dessedimentar certezas, reativar possibilidades desconsideradas. Por meio dessa teoria, tenciono operar discursivamente com o enunciado de um currículo elusivo, como já sugerido, em outras bases teóricas, por antigas críticas de reconceptualistas (Portelli, 1987) à pretensão de se definir, de uma vez por todas, o que vem a ser currículo.

Para tal, organizo este capítulo em mais quatro seções. Na primeira, procuro apresentar como interpreto a noção de vazio normativo de Ernesto Laclau. Na segunda seção, apresento as críticas ao déficit normativo na teoria do currículo, com destaque para o pensamento de Michael Young. Por suas teorias, construídas pelo diálogo crítico com Bernstein, Cassirer e Durkheim, o sociólogo da educação britânico defende o papel normativo, associado ao papel crítico, da teoria do currículo.

A escolha da interlocução com Young se deve não apenas ao fato de ser ele um dos mais importantes teóricos do currículo em uma perspectiva crítica, mas também porque suas discussões têm reforçado tanto argumentos dos que postulam a necessidade de maior atuação política e precisão na definição de conteúdos críticos nas políticas curriculares (ver, por exemplo, Almeida; Salces; Fernandes, 2021; Moreira, 2012a; 2012b; Thiesen, 2012; Durli; Thiesen, 2018) quanto argumentos dos que buscam ampliar as normas sobre os conteúdos, enfaticamente defendendo, por exemplo, a base comum nacional (confrontar Becskeházy; Louzano, 2009; e Young, 2014c, vendo nota 1 à frente). Além disso, como destaca Talbot (2024), a teorização de Michael Young favoreceu, nos últimos anos, políticas de currículo, na Inglaterra e em outras partes do mundo, que enfatizam o conhecimento disciplinar como princípio organizador do currículo e a difusão dos sentidos de um currículo "rico em conhecimento" com base em certo registro normativo.

Na terceira seção, apresento minha contraposição aos argumentos de Young com base na noção de vazio normativo, destacando o questionamento a sua compreensão epistemológica da normatividade. Na seção final, concluo sintetizando a defesa de um investimento radical na teoria e na política curricular. Esta me parece ser hoje a forma possível de operar no âmbito do vazio normativo.

Parece-me importante destacar que toda discussão aqui apresentada busca estar comprometida com a defesa da democracia radical, incluindo aí a diminuição das desigualdades econômicas e a possibilidade da produção incessante da diferença, bem como valorizar o engajamento em discursos (que são também práticas) que confrontem toda e qualquer posição autoritária de poder, toda tentativa de constituir a melhor regra racional capaz de fixar de uma vez por todas uma dada compreensão (política) do mundo, toda violência física ou simbólica em nome de uma verdade afirmada como universal.

O vazio normativo da teoria do discurso

As críticas ao déficit normativo da teoria do discurso não são novas. Critchley (2008), em ensaio que sintetiza um debate de larga data sobre o modo como a hegemonia pode prover, simultaneamente, uma lógica do político e uma teoria da ação política concernentes com a desconstrução, questiona Ernesto Laclau pela incapacidade de sua teoria distinguir entre decisões democráticas e não democráticas. Seu argumento se sustenta na necessidade de incorporar à teoria da hegemonia uma dimensão ética da decisão — algo que Critchley faz por meio de Lévinas —, de maneira a não conceber essa teoria apenas como uma descrição do *status quo*. Mesmo porque, para Critchley, a ética é o que confere força à política, daí ele defender que há um déficit motivacional para a política em função de um déficit ético (Ruitenberg, 2010).

Laclau (2002; 2008a; 2014b) responde a essas críticas confrontando o normativo e o descritivo, teoria e prática, o *ser* e o *dever ser*. A experiência do ético, para Ernesto, é a experiência da ausência de uma totalidade, de uma completude identitária do ser, é a experiência da distância, do vazio e da radical distinção entre o *ser* e o *dever ser*. Esse vazio é semântico e ontológico, com o *dever ser* estando associado tanto ao que se deseja consciente e inconscientemente quanto àquilo pelo que se luta. Pela falta de algo (indeterminável) que nos complete, mobilizamo-nos em nome de uma ética. Por isso a experiência ética tende a ser expressa por significantes vazios: justiça, verdade, dever, liberdade. Esses significantes são capazes de ser concebidos como irrefutáveis, mas simultaneamente são submetidos a uma disputa entre suas múltiplas possibilidades ontológicas. Tais possibilidades de preenchimento desse vazio são contingentes, remetidas às condições concretas de existência dos atores sociais em diferentes contextos.

Não há um conjunto de contextos onticamente constituídos, dos quais as normas possam ser derivadas e oferecidas para um rol de opções políticas. O processo de escolha entre diferentes possibilidades normativas e a experiência de um momento ético é também criador de contextos e de sujeitos que escolhem; produzem identificações. Não há sujeitos onipotentes, capazes de escolher ou decidir politicamente sem constrangimentos contextuais, fora de dadas formações discursivas. Sujeitos escolhem e decidem em uma existência dada, a existência é constitutiva da decisão.

As estratégias políticas tendem a invisibilizar o poder e a contingência associada à sua constituição, apresentando-se como necessidade e como universalidade. A democracia, por sua vez, como discutido anteriormente, expressa-se pela possibilidade de questionar tanto a necessidade quanto a universalidade das estratégias políticas. No que tange à teoria do currículo, a democracia vincula-se simultaneamente à possibilidade de explicitar as contingências do que se apresenta como fundamento do social e à possibilidade de ampliar os espaços sociais de disputa pelo poder de decidir.

A dimensão contingente, como esclarece Laclau (1990; 2008) e foi explorada nos capítulos anteriores, não é o oposto da dimensão necessária. A contingência expressa que o ser de uma entidade depende de suas condições de existência e tais condições não são determinadas por nenhuma essência do ser. A decisão entre diferentes possibilidades normativas não tem nenhum fundamento necessário, nenhum conteúdo ético obrigatório, que possa ser a resposta, de uma vez por todas, à questão sobre qual a dimensão ontológica e quais as formas ônticas da democracia, da justiça, da melhor sociedade, ou de qualquer outro termo em disputa política. Com isso, a política é compreendida como os atos de poder que tentam fixar sentidos nas relações sociais. Vale lembrar que tais processos de fixação também produzem mudanças no que se encontra fixado. O poder, nesse sentido, é produtivo e não assume uma dimensão obrigatoriamente opressiva. O poder limita a liberdade, mas também a possibilita (Laclau, 1998). O exercício do poder é sempre a decisão entre possibilidades constituídas na indecidibilidade, implicando sempre a exclusão de outras possibilidades, muitas delas impossíveis de serem nomeadas.

Tal interpretação de Laclau apoia-se na impossibilidade de manter a distinção kantiana entre razão prática e razão teórica. Todos os fatos, discute Laclau (2014b), são o que são por estarem enraizados em nossas relações práticas no mundo. Não existem duas ordens no mundo, uma normativa e outra descritiva. Tais dimensões se interpenetram, pois não existem fatos sem significação, descrição sem valores.

Se concordamos com essa interpretação, não há um *dever ser* que possa ser almejado — como utopia, como projeto, como futuro — de forma desconectada da dimensão do *ser*. Laclau (2014b) afirma que a plenitude se mostra através da falta. O *dever ser* expressa a plenitude que falta ao *ser*, a precariedade e a ausência do *ser*. E a falta, por sua vez, não é apenas ausência de conteúdo: a falta é um conteúdo, expressa a presença de uma ausência.

Por isso a teoria não tem uma função descritiva ou normativa, como instâncias separadas, no sentido de dizer como o mundo é ou como deveria ser. A teoria possibilita interpretar como o mundo é bloqueado em suas possibilidades de ser e quais contingências são apagadas nas estratégias políticas que tentam invisibilizar o poder que decide por uma dada forma de ser. No dizer de Howarth (2000), a teoria do discurso é constitutiva — no sentido de não ser nem normativa nem empírica ou descritiva —, tornando possíveis novas e significativas interpretações do social e do político.

Em diálogo com Butler e Zizek, Laclau (2004) defende que uma teoria da hegemonia não é uma descrição neutra do mundo, mas implica também, de forma profundamente inter-relacionada, uma dimensão de valor sobre esse mesmo mundo. Não há, contudo, nenhuma ordem normativa particular que seja ética por si. O ético torna-se o momento de uma decisão, a loucura pela qual a plenitude da sociedade se mostra tanto impossível quanto necessária (Laclau, 2008a). A hegemonia, por sua vez, depende de se aceitar a incomensurabilidade entre o momento ético e todos os complexos descritivos/normativos que podem vir a encarnar essa ética.

Nessa perspectiva, a experiência do momento ético se aproxima da experiência mística: o objeto que "salva", que preenche essa distância entre o *ser* e o *dever ser* não tem um conteúdo próprio, é uma tentativa de representar o que não pode ser representado. Isso implica a impossibilidade de assumir sólidos compromissos morais com base em imperativos categóricos, mas não bloqueia todo e qualquer compromisso moral. Há compromissos com diferentes conteúdos, contextualmente configurados, cabendo a construção da razoabilidade dessa escolha (Laclau, 2006b).

Como mencionei anteriormente, agir *como se* fôssemos deuses não deve apagar o caráter condicional do *como se* ao qual estamos submetidos nem nos levar a ter por meta agir para neutralizar a disrupção dos acontecimentos; não é um *como se* para ser lido como decifrável e programável, como o que permite domesticar os acontecimentos (Derrida, 2003).

Não é possível, assim, universalizar formas de decidir, pressupor uma ou mais normatividades como capazes de guiar a política. Todavia, isso não significa não decidir ou não ter nenhum limite, nenhum critério ético para a decisão. Há sempre um conjunto de práticas sedimentadas que orientam as decisões, ainda que tenhamos que considerar que as decisões também modificam tais sedimentações, impedindo seu fechamento último. Toda produção de uma normatividade ética é decorrente de decisões orientadas por sedimentos sociais e pelas comunidades criadas — subjetivadas — em função dessas mesmas decisões. Como discute Howarth (2000; 2013), apoiado em Derrida, a linguagem é um sistema de estruturas-traços, tornando os signos passíveis de serem iterados e traduzidos, simultaneamente mantendo um mínimo resto de significado (*minimal remainder of meaning*) que garante seu reconhecimento em diferentes contextos.

A contingência de uma decisão torna irrelevante, para Laclau (2014b), a pergunta sobre os fundamentos e as regras que nos levam a decidir. As decisões só podem ter sua veracidade — valor de verdade — sustentada dentro de ordens discursivas contextuais e para os sujeitos constituídos nessas ordens. Não há um lugar fora da ordem discursiva a partir do qual se possa justificar uma decisão, uma vez que o próprio enunciado que leva à construção das opções políticas é constituído contingencialmente.

Com isso, na teoria do discurso, as perguntas a serem feitas passam a ser: qual é o vínculo entre a ética e a normatividade? Entre a universalidade da regra e a singularidade da decisão? Como é a passagem do momento ético vazio para a construção de normas sociais concretas e contextuais? A resposta da teoria do discurso é de que isso se faz por meio do investimento radical. Estamos sempre imersos em dadas ordens simbólicas, mas também estamos submetidos aos deslocamentos dessas ordens, imersos na luta entre a existência e uma totalidade inalcançável com que julgamos poder preencher a falta identitária que nos é constitutiva. Isso nos mobiliza a agir, a decidir, tentando nomear o que não pode ser nomeado, representar o que não pode ser representado, investindo em diferentes ordens na tentativa de constituir esse momento ético. O investimento radical — radical porque não apriorístico, não determinista, não essencialista — consiste nessa tentativa de nomear, de representar o irrepresentável. Nada determina logicamente ou preanuncia o conteúdo normativo, mas ainda assim esse conteúdo é enunciado, investe-se na sua constituição.

Este investimento não é apenas teórico. Envolve tempo, trabalho, paixão, compromisso, ação. Está associado à produção política de uma comunidade normativa como efeito das articulações, inclusive teóricas, entre demandas diferenciais que estabilizam provisoriamente uma dada significação de norma. O investimento radical implica negociação, não necessariamente pacífica, entre diferentes representações particulares que podem ser universalizadas provisória e precariamente.

Defender um investimento radical, com ênfase no político, não é defender uma suposta liberdade completa, a ausência de normas. É defender que toda normatividade é contingente, submetida à negociação, a antagonismos e conflitos. Toda normatividade é decorrente de uma articulação discursiva, sem fundamento, como resposta e mobilização frente ao que se considera uma ameaça às identificações sociais. Liberdade não é ausência de limites, mas negociação constante entre liberdade e deslocamento, liberdade e não liberdade (Laclau, 2011).

A proposta normativa de Michael Young para a teoria do currículo e o conhecimento escolar

A crítica ao déficit normativo na educação é desenvolvida por distintos autores em enfoques associados, explicitamente ou não, ao debate entre fundacionalismo e antifundacionalismo[1]. No currículo, Michael Young e colaboradores têm sido consistentes em suas argumentações dirigidas à defesa da centralidade de uma teoria do currículo crítica e normativa. Essa teoria é ancorada em uma concepção epistemológica realista social e realista crítica (Moore, 2013; Moore;

1. Para uma discussão sobre a normatividade em enfoques fundacionalistas e antifundacionalistas no campo da filosofia da educação, ver Goor; Heyting; Vreeke (2004).

Young, 2001; Young; Muller, 2007; 2010; Young, 2013a), pela qual é engendrada a noção de conhecimento poderoso, a ser privilegiado no currículo (Young, 2007; 2013b; 2014c; Young; Muller, 2013). De forma correlata, é desenvolvida a crítica à indefinição da teoria de currículo (Young, 2014a; 2014b), concernente à sua incapacidade de dar respostas a questões julgadas centrais nessa área e com as quais Young vem operando: "O que todos os alunos deveriam saber ao deixar a escola?"; "Para que servem as escolas?"; e "O que é e o que pode fazer a teoria de currículo?".

Tal normatividade pretende estar apartada dos enfoques prescritivos instrumentais e é crítica de processos educacionais de anos recentes, marcados pela métrica dos desempenhos, pela identificação do currículo com a avaliação, pela formação para a empregabilidade e pela identificação da educação com a preparação de alunos para exames.

A normatividade teórica proposta por Young para o pensamento curricular visa ao desenvolvimento de políticas curriculares que garantam mudança e inclusão social. Tal normatividade está assentada na ideia de ser possível algum acordo em torno do conhecimento a ser ensinado por referência a uma noção de verdade (ciência, conhecimento, disciplina) construída socialmente por critérios objetivos não positivistas. Moore (2013) entende tais critérios como racionais. Trata-se, contudo, para ele, de uma racionalidade posta em ação em práticas sociais estruturadas, mais do que inserida em uma lógica proposicional.

Para Young e colaboradores, o melhor conhecimento de qualquer campo deve compor o currículo. Moore (2013), em interpretação que parece ser compartilhada por Young, defende que os princípios de um realismo social e crítico são o realismo ontológico, o relativismo epistemológico e a racionalidade submetida a julgamentos. O realismo ontológico baseia-se no compromisso de que existe uma realidade independente da experiência humana e da qual é possível criar conhecimento (uma suposta realidade extradiscursiva), levando a domínios distintos de tipo intransitivo (conhecimento independente dos objetos) e de tipo transitivo (conhecimento humanamente criado sobre os objetos). Pelo relativismo epistemológico é reconhecido que todo conhecimento é humanamente produzido em determinadas condições sociais que se tornam refletidas nesses conhecimentos.

Esse relativismo epistemológico difere do relativismo total — suposto como inerente às perspectivas construcionistas, pós-estruturais e pós-modernas — por procurar superar a redução a essas condições subjetivas da experiência. Pela noção de racionalidade submetida a julgamentos, é defendido existirem conhecimentos, sempre socialmente produzidos, mais confiáveis, do que outros. A confiabilidade de um conhecimento é articulada à sua falibilidade e vincula-se à forma como é produzido. Isso torna alguns conhecimentos melhores do que outros, porque passíveis de serem submetidos à demonstração de sua maior confiabilidade, ao mesmo tempo que são sempre abertos ao julgamento, à crítica.

O realismo ontológico, por sua vez, é vinculado à possibilidade de o conhecimento transcender, temporal e espacialmente, experiências sociais particulares. Por meio desse argumento, é pretendido que esse realismo seja social, mas ao mesmo tempo objetivista, pois se relaciona ao fato de se submeter a procedimentos coletivos para uma avaliação independente (Moore, 2013), em função de suas fontes especializadas e das comunidades disciplinares que sustentam os critérios para essas fontes.

No entendimento de Young e Muller (2010), a objetividade do conhecimento é necessária para predizer historicamente o futuro. Se o conhecimento emerge de contextos, não deve ser reduzido a esses mesmos contextos, mas ser considerado na história. Na discussão sobre esse melhor conhecimento, Young recorre a Scott e Hargreaves (*apud* Young, 2014a) para defender a existência de diferentes tipos de conhecimento: o tácito, vinculado ao senso comum e a formas específicas e contextuais; e o conhecimento especializado, das disciplinas e da ciência, vinculado a princípios universais. Entre esses conhecimentos há um *continuum*, fazendo com que gradativamente formas mais complexas — e superiores cognitivamente (Young, 2013a) — sejam organizadas. O melhor conhecimento é ainda o conhecimento mais confiável. Ainda que esse conhecimento possa ser falível, fato que Young (2013a; 2013b; Young; Muller, 2007) admite, é possível ser estabilizado, em um certo período, em função de certo acordo, no âmbito das comunidades disciplinares, em relação ao conhecimento legitimado. Como Young (2014c) explicita mais claramente, o conhecimento não está apenas vinculado à ideologia e aos interesses, mas também à objetividade e à fidedignidade. Daí a importância que ele confere tanto à transmissão do conhecimento do passado quanto do conhecimento que permite a criação de novos conhecimentos (Young, 2013a), ambos conectados a questões epistemológicas e de justiça social.

Young (2014a) defende um duplo papel — crítico e normativo — para a teoria de currículo, partindo do pressuposto de que a questão do conhecimento é central no currículo, tanto no que concerne ao conhecimento curricular dos especialistas em currículo quanto no que tange ao conhecimento escolar, o conhecimento a ser ensinado. Ao defender que os teóricos de currículo deveriam saber responder à pergunta: "O que todos os alunos deveriam saber ao deixar a escola?", considera que tal resposta deve estar ancorada em uma tradição curricular e em uma disposição crítica. Com isso, a problemática sobre o currículo das escolas — compreendido como o conhecimento escolar — é vinculada à problemática teórica do currículo.

A indefinição do campo teórico, capaz de receber influências ecléticas de vários campos, levaria, de certa forma, a uma incapacidade de responder sobre opções em relação ao conhecimento escolar. Essa indefinição é interpretada como construída ao longo da história do pensamento curricular. Na medida em que construiu uma teoria crítica, a partir dos trabalhos de Apple e Pinar, nos Estados Unidos, e do próprio Young, no Reino Unido, nos anos 1970, perdeu seu objeto central: o conhecimento que deve ser ensinado e aprendido na escola (Young, 2013a). Com isso, teria aberto as portas para as mais diferentes teorias de outros campos, críticas da epistemologia, culminando hoje com os estudos pós-críticos (Lopes, 2013).

A preocupação de Young (2013a) é de que, se a teoria de currículo não responde a essas questões relativas ao conhecimento escolar, elas são respondidas de forma pragmática e ideológica por administradores e políticos. Com isso, Young parece separar a normatividade teórica e a normatividade política, pressupondo que a primeira deve guiar a segunda. Nesse sentido, ao mesmo tempo que ele julga ser negativo que políticos e administradores estejam desconsiderando a teoria curricular — ponto com o qual também estou de acordo —, tende a considerar que, em parte, a responsabilidade por esse desinteresse está no déficit normativo da teoria curricular. Digo "em parte", porque Young (2013a) não deixa de mencionar a problemática associada ao capitalismo global e seu foco nos fins externos dos estudantes, conectados à empregabilidade, negligenciando fins internos de formação por si só.

É por meio da afirmação dessa indefinição disciplinar do currículo que Young (2014a) argumenta em favor do caráter normativo da teoria. Para Young, esse papel normativo refere-se "[...] às regras (ou normas) que orientam a elaboração e a prática do currículo" e "[...] ao fato de que a educação sempre implica valores morais sobre uma boa pessoa e uma 'boa sociedade' — em outras palavras, para que estamos educando?" (Young, 2014a, p. 194).

Young considera, e com isso também estou de acordo, que a simples incorporação dessa esfera normativa remete a teoria do currículo ao discurso prescritivo, de registro instrumental, denominado por ele tecnicismo. Sua posição é de que o caráter normativo, para não ser prescritivo, deve ser associado ao caráter crítico. Mas igualmente Young considera que o caráter crítico, sem a dimensão normativa, é destituído de sentido, torna-se sem propósito. Sua análise da história do currículo baseia-se no entendimento de que essas duas dimensões normativa e crítica usualmente estiveram apartadas, cabendo à teoria do currículo articulá-las. Nesse sentido, há uma intenção de se manter equidistante do positivismo e do construcionismo social.

A dimensão normativa para Young tenta se distanciar de uma postura prescritiva em relação a dizer "o que os professores devem ensinar". Ele se aproxima, contudo, da ideia de que a teoria de currículo deve ser um meio de conferir autoridade profissional ao professor, subsidiá-lo em suas decisões curriculares. Young acredita que esse afastamento entre crítica e proposição de alternativas curriculares é decorrente das aproximações com os estudos pós-estruturais, como os de Derrida, Foucault e Negri, com a teoria literária, a filosofia e ciência política, corroborando o ecletismo da teoria curricular por ele denunciado.

No seu entendimento, essas teorias não discutem questões educacionais nem podem ajudar em um campo prático como a educação, que se preocupa, "[...] antes de mais nada, em capacitar as pessoas a adquirir conhecimento que as leve para além da experiência pessoal, e que elas provavelmente não poderiam adquirir se não fossem à escola ou à universidade" (Young, 2014a). A teoria do currículo deve ser a análise normativa desse conhecimento e das alternativas de como construí-lo. Porque os currículos são formas de conhecimento especializado é que, para Young, a meta da teoria do currículo deve ser produzir currículos melhores.

O teórico do currículo seria então o especialista capaz de teorizar sobre como tornar esse conhecimento mais especializado — o conhecimento poderoso — em um conhecimento passível de ser aprendido e ensinado. Para isso, deve levar em conta as fontes disciplinares e os saberes prévios dos aprendizes. Nessa discussão, Young faz menção ao conceito de recontextualização de Bernstein, diretamente associado ao processo de transformação de conhecimentos instrucionais em conhecimentos escolares, em virtude da entrada da ideologia, das mudanças de contexto e de sua inserção em um discurso regulativo, que domina o discurso instrucional (Bernstein, 1998). Nesse processo, Young espera que se realize uma ascensão epistêmica do aluno, seguindo o filósofo Christopher Winch (2013), teórico influenciado por Paul Hirst. Esse autor, por sinal, foi muito criticado por Young nos anos 1970, quando lançou as bases da Nova Sociologia da Educação (Young, 1981).

Essa argumentação de Young é construída tendo por base o entendimento de que o currículo engendra processos de exclusão e inclusão de pessoas, limitados pelas estruturas de conhecimento e de interesses sociais. No seu ponto de vista, tais processos de exclusão e inclusão se mantêm, em parte, porque a teoria curricular não vem dando conta da seleção, do sequenciamento e da progressão associados ao currículo. Como também não vem desenvolvendo duas formas de especialização específicas: a da teoria de currículo propriamente dita e a do campo específico de ensino.

Young e seus colaboradores, em meu ponto de vista, minimizam as possibilidades democráticas da política de currículo por tentar estabelecer, para além das disputas sociais, um fundamento epistemológico realista e objetivista para as políticas. Eles propõem uma noção de teoria que, por meio da fixação do sentido de currículo e da pretensão de uma normatividade para o futuro, acaba por referendar o currículo (disciplinar) dominante, em vez de abrir possibilidades para se operar na produção de múltiplas e mais democráticas subjetivações curriculares. Faz isso por meio da separação entre normatividade teórica e normatividade política. Ao submeter a teoria à epistemologia e a política à teoria, acaba por submeter a política ao epistemológico, ao racional, fundamentando a política e apagando os antagonismos sociais. Passo então a abordar tais questões.

Questionando a perspectiva normativa: em defesa de um currículo elusivo

A concepção epistemológica de Young já foi substantivamente questionada no registro pós-estrutural (ver, por exemplo, Balarin, 2008; Macedo, 2012; Lopes, 2014). Retomo essa discussão, subsidiada pela teoria do discurso de Laclau, tendo em vista que os critérios pressupostos por Young para o conhecimento escolar e o conhecimento produzido pela teoria curricular são entendidos como fundamentos na construção de uma normatividade curricular. Ainda que esteja de acordo com a crítica de Young aos enfoques prescritivos nas políticas atuais de centralização curricular e de ênfase na avaliação de metas instrucionais, tenciono argumentar aqui em relação ao fracasso de toda normatização curricular. Igualmente argumento que tal normatização é capaz de bloquear efeitos críticos e democráticos.

Questionando as perspectivas relativistas de conhecimento defendidas pelo próprio Young em seus primeiros trabalhos (Young, 1978), Young e seus colaboradores acabam por formular uma visão realista de conhecimento que desconsidera as críticas ao realismo no âmbito da própria Modernidade. A epistemologia bachelardiana (Bachelard, 1988), desenvolvida entre os anos 1930-1950, por exemplo, propõe o racionalismo aplicado como o racionalismo plural da ciência contemporânea, equidistante do idealismo e do realismo, bem como crítico do racionalismo cartesiano. Bachelard concebe a ideia de um real científico como objeto de conhecimento nas ciências físicas. Esse real científico é de outra ordem de realidade que não pode ser compreendida sem o uso da razão. Na perspectiva do racionalismo aplicado, a ciência não descreve, ela produz fenômenos, mediada por um duplo processo técnico e teórico. Nessa interpretação, ao contrário do que afirmam Young e Muller (2013), a mecânica quântica não é a forma mais confiável de nos aproximarmos de uma dada realidade física, mas uma teoria que cria a realidade física — o mundo submicroscópico. Essa criação é decorrente da ação do sujeito sobre o objeto: só se pode medir um fenômeno quântico influenciando o próprio fenômeno por meio de um instrumento de medida. A realidade quântica não é visualizada nem descrita: só pode ser compreendida por uma teoria racional e por uma fenomenotécnica (Bachelard, 1985). A crítica ao realismo, por sua vez, se aprofunda com a incorporação das discussões sobre a linguagem no registro pós-estrutural, como discuti anteriormente e retomo mais adiante.

Com uma interpretação da linguagem ancorada, sobretudo, na sociolinguística estrutural de Bernstein (1988), Young, na defesa da construção social do conhecimento, permanece tendo por referência uma realidade suposta como podendo ser compreendida e descrita fora da experiência humana. Sua noção de linguagem remete a algum nível de transparência em relação à realidade contextual, sendo o contexto concebido como exterior ao texto. Há uma crença na objetividade da linguagem e da teoria que, de algum modo, se apresentariam em sua forma plena, porque conectando significante, significado e referente real, em um contexto original de produção; no caso do currículo, o campo científico. Tal interpretação é facultada pela recontextualização de Bernstein: uma deturpação de sentidos originais por meio de interesses políticos e ideológicos incorporados nos novos contextos em que os discursos transitam, dentre eles o escolar (Lopes; Cunha; Costa, 2013). É por meio dessa noção realista do conhecimento e objetivista de linguagem que a visão de relativismo de Young e colaboradores é construída. Para eles (Moore, 2013), toda perspectiva, como as pós-estruturais, que não se ancora em um referente na realidade nem pressupõe uma realidade independente da experiência humana, é relativista.

A perspectiva discursiva, contudo, não afirma essa independência. Tampouco considera que a realidade é dada pelo conhecimento ou que todo conhecimento, genericamente, é relativo, não havendo como escolher entre um conhecimento e outro, pois "tudo vale", qualquer opção ou escolha é tão boa quanto outra. Como afirmam e Mouffe e Laclau (1990), tais conclusões sobre o registro pós-estrutural são uma invenção dos fundacionalistas. As perspectivas pós-fundacionais, pós-estruturais e discursivas — ou construcionistas sociais, como nomeiam Young e seus colaboradores — consideram haver diferença entre os que afirmam existir uma essência dos objetos (nível ôntico) em que se apoiar, por experiência direta, e os que afirmam que não existe uma essência dos objetos capaz de garantir sua ontologia. Contamos apenas com uma existência contextual a ser compreendida de modo mediado (dimensão ontológica). Para os registros pós-estruturais, tal mediação é sempre discursiva.

A suposição de uma realidade extradiscursiva, em um nível ôntico, não é negada. Todavia, tal realidade não é compreendida como tendo uma essência objetiva da qual se depreendam sentidos que possam ser acessados fora do discurso. A própria nomeação de certos objetos como realidade nos insere em uma dada formação discursiva. Não há como separar os *objetos* do *conhecimento sobre os objetos* (domínios transitivo e intransitivo do conhecimento, nos termos de Young), pois esse conhecimento é construído em práticas (ações) mediadas pela linguagem.

Tal interpretação, como abordei anteriormente, é construída a partir da ruptura derridiana com a estrutura do signo, pela qual a virada linguística iniciada com Saussure é radicalizada e a linguagem deixa de ser transparente, de ter por referência os objetos dados. Se os signos se referem sempre a outros signos, a significação é sempre adiada. Não há o momento em que se encontre uma presença exterior à linguagem capaz de garantir o fechamento da significação. Esse adiamento faz dos textos uma cadeia ou sistema de rastros (Rodrigues, 2000). Novos textos, para produzirem sentidos, são iterados. Isso implica repetição, mas também mudança, simultaneamente mesmidade e alteração de sentido, constante tradução sem texto de origem. A linguagem e seus jogos nos tornam imersos em uma flutuação de sentidos no significante.

Os jogos de linguagem, iterações e suplementos não são atinentes apenas aos textos literários, aos processos de comunicação cotidiana. Pela linguagem também produzimos conhecimento, o que faz com que todo conhecimento seja produzido como uma possibilidade de significação do mundo, em dadas relações de poder. Como discute Siscar (2013), toda produção de conhecimento está submetida à tradução, todo conhecimento é tradução, atividade simultaneamente impossível e necessária. Se há expectativa de leitura única de um texto científico ou de um texto normativo, não é porque há um referente, uma estrutura ou uma razão capaz de garantir essa leitura única como sendo a verdadeira, mas porque dadas relações de poder restringem outras possibilidades de leitura. Ainda assim, essa expectativa do monismo na significação não se realiza, porque para exercer seu poder e existir como tal, um texto precisa ser lido, e ao ser lido é traduzido, levando ao fracasso qualquer unicidade de sentido.

Tal enfoque concebe de outra forma a própria racionalidade científica, seja ela concernente às ciências de cunho mais demonstrativo, como as ciências físicas, seja as de cunho mais argumentativo, como as ciências humanas e sociais. Toda racionalidade remete a uma estrutura explicativa, a um fundamento que a sustente. Nos termos de Derrida (*apud* Wolfreys, 2009), toda estrutura repousa sobre um centro fundante que garante sua estruturalidade, mas para tal sempre faz referência a uma presença, a um fundamento que não pode ser explicado no interior da própria estrutura. O todo, que se pretende unívoco e identitariamente harmônico, exige uma relação com um exterior que o constitui, é marcado por uma indecidibilidade.

Laclau (1990), traduzindo Derrida para a política, afirma que a indecidibilidade reside na estrutura como tal, na própria razão estruturada. Isso faz com que a decisão política não seja mera consequência de uma estrutura racional, situação em que não há decisão, apenas determinação previamente inserida na estrutura. Uma decisão política resulta de uma estrutura racional, como expressão de uma de suas possibilidades estruturais, mas não é determinada por essa mesma estrutura. A decisão política depende de um ato de construção radical capaz de subverter a própria estrutura. O ato de decidir politicamente é sempre contingente, depende das condições de formulação da decisão, e implica objetivar (significar, identificar, subjetivar), mas também reprimir outras possibilidades de objetivação.

Ainda segundo Laclau (1990), afirmar a indecidibilidade da razão não é uma aposta na irracionalidade (a não razão, o *outro* da razão), tal como a crítica aos fundamentos fixos da verdade não é uma aposta na falsidade. Afirmar a indecidibilidade da razão leva a uma aposta no razoável, na construção, sempre *a posteriori* da decisão, das razões que sustentam a escolha realizada como verdadeira. A construção das justificativas para uma decisão como racional depende das condições que garantem a existência dessa decisão. As razões para a escolha de um conhecimento como *melhor* dependem dos efeitos performativos desses conhecimentos e estão diretamente conectadas ao poder. Podemos falar de melhores razões, melhores conhecimentos, decisões, escolhas somente a partir de um conjunto de critérios contextuais que sustentem o que se entende como *melhor*. Nesse processo, há a construção de um conjunto de sujeitos (subjetivações) capaz de constituir o *nós* (a comunidade) que sustenta, ainda que precariamente, a validade/veracidade dos critérios estabelecidos. Nas palavras de Mouffe (1998, p. 97), é *inviável uma razão que possa garantir um modo de argumentação que transcenda às condições particulares de enunciação.*

Tal interpretação pode ser remetida tanto à contextualização de todo conhecimento, ponto questionado fortemente por Young, quanto à formação das comunidades disciplinares. Passo a comentar cada um desses aspectos.

A noção de contexto é utilizada por Young na definição do conhecimento tácito, não especializado, específico: o conhecimento contextual. Ainda que o conhecimento especializado seja concebido por ele como espelhado em relações institucionalizadas entre atores, é compreendido como estruturado de forma parcialmente independente de sua aquisição, fazendo com que os diferentes campos de conhecimento tenham distintos princípios constitutivos, distintas formas de justificar sua coerência e suas formas de produzir novos conhecimentos, mas guardem a possibilidade de se universalizar, respondendo a questões não contextuais (Young; Muller, 2000).

Nesse sentido, a noção de contexto aproxima-se da noção de Bernstein, segundo a qual o contexto não é um espaço físico determinado nem um conjunto de instituições, mas um conjunto de regras de realização, dependente de princípios reguladores, os códigos. Para Bernstein (1998), quando passamos de um contexto a outro — da produção do conhecimento para a reprodução do conhecimento, por exemplo —, os códigos e as regras mudam, ou seja, a gramática muda. Por isso, o meio que transmite a mensagem se modifica e com isso o conhecimento é outro, a própria mensagem é outra. De forma coerente com a perspectiva estruturalista, os sentidos são determinados pelos contextos, conferindo ao contexto e às regras contextuais uma dimensão fixa.

No enfoque pós-estrutural que defendo, reforço que o contexto não é um dado do mundo a ser investigado, mas uma construção discursiva no mundo. É uma construção interpretativa, precária, sem fronteiras fixas, a não ser pelas opções contingentes realizadas numa dada investigação, numa dada política. Afirmando a inconsistência teórica daquilo que usualmente denominamos *contexto*, Derrida (1991) defende a impossibilidade de a significação de um contexto ser determinada. Não há um contexto original a ser recuperado, não um sentido contextual a ser estabilizado. Os signos podem sempre ser inseridos em novas cadeias de significantes, em novos contextos, tendo seus sentidos sempre adiados. Inserir um texto em um contexto é o mesmo que o inserir em uma cadeia de substituições possíveis (Derrida, 2005).

Amparada em Laclau (1990), defendo que contexto depende da fronteira construída com o que se coloca como exterior constitutivo de sua significação: currículo de uma escola, práticas cotidianas de um grupo social, ações governamentais e tantas outras enunciações. Qualquer gramática é modificada na sua aplicação contextual. Em vez de uma pergunta sobre o que está ou não em um dado contexto, ou sobre qual a gramática de um dado contexto ou ainda sobre o que é ou não contextual, passamos a uma relação sobre o que ameaça a constituição de um contexto e, simultaneamente, define suas fronteiras. Passa-se a pensar no que ameaça o contexto nacional, o contexto educativo, o contexto histórico, mas permite as condições que tornam possível sua existência.

As fronteiras, portanto, são construídas por relações de poder, não são dados no mundo com os quais operamos, situando-as ora num ponto, ora em outro. Da mesma forma, tudo que afirmamos "trazer" para um novo contexto — tradições, heranças, história, conhecimentos — cria esse contexto e é simultaneamente recriado. Não há uma herança estabilizada a ser recuperada em outras relações. Toda herança só aparece como rastro precário a ser traduzido. Não há contextos concretos, precisos, a serem recuperados, considerados no processo educativo, porque não há uma realidade dada, extradiscursiva, a ser considerada ou tomada por referência para sustentar a concretude do que se quer recuperar como contexto original.

Nessa perspectiva, o contexto não é algo obrigatoriamente local, restrito, próximo, contraposto a algo não contextual que seria amplo, especializado, distante. O contexto tem suas fronteiras definidas em função do discurso investigado, da problemática proposta, fazendo com que a contextualização radical não se refira a um processo de redução do que é investigado, como afirmam Young e colaboradores. O conhecimento não emerge dos contextos: ele só tem significado em um contexto discursivo, sem centro, está submetido às condições que garantem sua enunciação. A fidedignidade e a confiabilidade de um conhecimento são construídas em dadas condições de existência, construindo simultaneamente as fronteiras da comunidade que sustenta e é sustentada por esse conhecimento.

A comunidade disciplinar, nesse sentido, é uma construção discursiva. Em um contexto, uma dada comunidade contingente decide em nome da disciplina e constrói os discursos que sustentam a verdade do conhecimento disciplinar, sua razoabilidade. Não é um elenco de saberes (os curriculares, por exemplo) que devem ser transmitidos aos que desejam se inserir na comunidade. Não é um conjunto de profissionais com a mesma trajetória de formação, capazes de se organizar em defesa de seus interesses. A comunidade disciplinar torna-se a articulação de subjetividades constituídas em operações provisórias no campo discursivo nomeado disciplinar, fazendo com que conhecimentos sejam construídos, na medida em que as subjetivações disciplinares também o são (Costa; Lopes, 2018; 2022; Macedo, 2012; 2017).

Se esta passa a ser a relação com as comunidades disciplinares, não se mostra produtivo tentar estabelecer fronteiras rígidas entre os campos teóricos, uma vez que as fronteiras estão sempre se deslocando.

O fato de o currículo se debruçar sobre os estudos filosóficos e da linguagem no momento atual só o torna menos sociológico do que em outros tempos, e me parece que quanto a isso Young tem seus questionamentos. Penso, contudo, que esse questionamento não deve ter por referência uma noção sociológica essencial capaz de normatizar o campo do currículo, mas poderia argumentar o que é bloqueado pela não valorização da problemática sociológica. Cerrar as fronteiras do campo não só é tarefa inglória, mas também não me parece ser por meio dela que garantiremos a especificidade do pedagógico. Pode apenas nos levar a operar com uma pretensão de pureza conceitual.

A porosidade de nossas fronteiras a outros discursos, a meu ver, é sempre fértil. Não porque autores como Derrida, Hall, Laclau, Negri discutem educação ou currículo. A incorporação desses estudos à educação é certamente mais um dos efeitos imprevistos da circulação de discursos. Suas conclusões nos fazem pensar educação ou currículo de outra maneira, provavelmente impensada por esses mesmos autores. Os teóricos de currículo são capazes de traduzir as conclusões pós-estruturais no campo pedagógico, iterando discursos filosóficos e dos estudos culturais, e, simultaneamente, reconfigurando as teorias pedagógicas e curriculares.

Em direção distinta de uma proposição teórica normativa, considero ser este o objetivo do trabalho teórico curricular: ir além e aquém do que já se encontra estabilizado, bem como entender o que está possibilitando e sustentando as significações curriculares com as quais operamos e que produzem subjetivações/objetivações (fazem *ser* ou *ser* identificado como *sendo* ou constituem objetos/identidades/diferenças) de uma determinada maneira. Nessa perspectiva, quando confronto as discussões pós-estruturais com as discussões de Young, tento entender o que sua perspectiva viabiliza e o que bloqueia, busco problematizar seus enfoques, provocar outras possibilidades de pensar, conceber outras maneiras de objetivar/subjetivar, desestabilizar discursos, sabendo que isso implica estabilizar outros discursos e, portanto, cabe manter aberta a suspeição diante de toda estabilidade.

É nesse registro que considero que a separação que Young realiza entre normatividade teórica e normatividade política não favorece finalidades democráticas. Conceber a ação dos teóricos de currículo e a dos políticos e administradores como dois blocos que produzem normatividades distintas desconsidera como todo discurso teórico-político produz sentidos que se capilarizam socialmente. As instâncias campo recontextualizador pedagógico oficial (instituições governamentais) e campo recontextualizador pedagógico (instituições de pesquisa), que Bernstein propunha e Young incorpora, não são estanques nem separadas, mas possibilidades contextuais porosas, que se interpenetram, conectam-se, submetidas que são à circulação constante de significantes com sentidos sempre adiados. Tal processo discursivo se desenvolve mesmo que especialistas curriculares não trabalhem diretamente nas formulações políticas. Caso consideremos a circulação de pesquisadoras e pesquisadores nesses campos, o processo pode inclusive se intensificar, reforçando a conclusão de que os textos curriculares acadêmicos são também textos políticos, disputam sentidos na significação da política.

A posição de Young de que os teóricos curriculares atuais, principalmente os que incorporam as perspectivas pós-estruturais, abandonam a normatividade crítica e com isso deixam a política para as definições de políticos e administradores, desconsidera que há uma teoria nas definições apresentadas para as escolas. No caso brasileiro, muitos dos princípios das teorias críticas hoje se hibridizam a enfoques instrumentais em nome de uma normatividade política para o currículo. Se há uma responsabilidade por parte do campo teórico capaz de explicar a desvalorização da teoria educacional no âmbito das políticas públicas, essa responsabilidade não pode ser limitada à influência dos enfoques pós-estruturais. Mesmo porque tais enfoques nem sequer são hegemônicos no currículo, como diferentes pesquisas no Brasil e no exterior evidenciam. Diria que mais facilmente a própria tendência normativa que marca a história do pensamento curricular pode ser a garantidora desse esforço normativo da política, fazendo com que toda disputa entre as concepções de currículo seja uma disputa teórico-política.

A proposta de Young para o currículo e a teoria curricular remete à tentativa de uma normatividade visando à clareza de princípios, à construção de um todo teórico coerente e completo e ao controle dos conhecimentos ensinados, desconsiderando que estamos todo tempo negociando politicamente em torno da própria objetividade do conhecimento. Estou de acordo com Young que toda crítica implica algum nível de normatividade, de proposição, e esta cabe estar conectada à dimensão política. A questão é como compreender os fundamentos dessa normatividade e a própria política. O risco de se defender uma normatividade, subsidiando dada intervenção, é desconsiderar a luta política em torno das diferentes possibilidades de resposta frente ao que venha ser normativo. Ou, ainda, supor um momento para a luta política — anterior à produção de uma proposta curricular, por exemplo —, desconsiderando que essa luta (pela significação) permanece após uma dada resposta ser estabilizada em uma norma, uma lei, um registro de verdade, um consenso coletivo.

No currículo, a aposta no vazio normativo, como em minha leitura Laclau propõe, hiperpolitiza a discussão sobre a normatividade pela crítica aos fundamentos das normas instituídas, mas simultaneamente bloqueia tentativas autoritárias que querem dar uma resposta única e definitiva ao que vem a ser currículo ou melhor conhecimento. Toda normatividade passa a ser concebida como construída pela articulação entre elementos diferenciais, pela equivalência, nunca igualdade, entre esses elementos, mas também pela constante afirmação do diferir que caracteriza a tradução de todo discurso equivalencial.

A meu ver, é compreensível e admissível a preocupação de autores como Young e colaboradores que apostam na mudança social e na formação das futuras gerações e querem produzir alguma garantia de legar ao futuro o *melhor conhecimento*, o melhor de nós. Mas ainda que provisoriamente sejamos capazes de estabilizar numa luta política uma noção do que vem a ser o *melhor conhecimento*, por meio de dadas subjetivações das comunidades disciplinares, por exemplo, sempre estará em questão quem somos "nós" produzindo tal estabilização.

A continuidade entre gerações é produzida na e pela linguagem. Nos termos lacanianos, somos nomeados antes mesmo de nascermos. Mas tal inserção na linguagem e no conhecimento nunca é pura transmissão a ser complementada por novos textos que venham a ser produzidos pelas gerações mais novas, de forma evolutiva ou como mero processo de soma. Um mínimo resto de significado, rastros e espectros, derridianamente falando, do que denominamos tradições estão sempre disponíveis para serem iterados, levando ao movimento de sempre diferir e, simultaneamente, sempre ser passível de reconhecimento em novos contextos.

Por isso, reafirmo o fracasso de toda normatização curricular. Tenta-se normatizar o que, para se instituir, escapa à normatização. Tenta-se frear a tradução do que sempre será traduzido. Mesmo que estejamos fadados às tentativas de controle da significação subjacentes à política e à necessidade de nos comunicarmos, conceber tais processos como constituídos epistemologicamente ou tendo por referência uma racionalidade fundacional nos remete ao registro autoritário das perspectivas não plurais.

Controlar o modo de ser das futuras gerações normatizando o que devem estudar, que conhecimentos devem construir/reproduzir/aprender transforma o direito de estudar e aprender em *dever de aprender* um determinado conhecimento, transforma as múltiplas possibilidades de ser em *um dever ser* que opera tentando frear outras possíveis subjetivações. Se vamos nos mobilizar por uma ética educativa, teremos sempre que negociar os sentidos dessa ética, manter a distância entre o momento ético e todos os complexos descritivos/normativos que podem vir a encarnar essa ética, entre o *ser* e o *dever ser*. Essa distância é que pode possibilitar tanto a democracia quanto a justiça social.

Portelli (1987), em antigo texto sobre currículo, questionou como qualquer uma das tentativas de definir, na época, o currículo — conteúdos, plano ou atividades/experiências — era restritiva da complexidade curricular. Sua argumentação se desenvolveu no sentido de ser um engano pensar que, com uma definição mais apropriada do que vem a ser currículo, seria possível uma melhor definição da teoria curricular. Portelli salientou também que sua posição não negava a validade de justificar ou desenvolver teoricamente e defender diferentes perspectivas de currículo. Para ele, o currículo era de tal modo elusivo que uma única posição não daria conta de sua complexidade.

Penso que, com as abordagens pós-estruturais, tal caráter elusivo do currículo se acentua. O significante currículo tem seus sentidos sempre adiados, e apenas de forma provisória e precipitada são estabilizados alguns sentidos e produzidas subjetivações, que sempre estarão sujeitas a novas traduções na constante iteração de textos curriculares. É com essa interpretação que defendo um currículo sem fundamentos. Justamente por não haver fundamentos é que tais fundamentos estão sempre sujeitos aos embates políticos que podem vir a defini-los de forma precária e contingente por intermédio de nosso investimento radical.

Em defesa de um investimento radical na política de currículo

Em síntese, permaneço defendendo uma sociedade democrática, a luta por justiça social, a "infinita responsabilidade pelo outro" (Critchley, 2008), uma educação de qualidade, um currículo comprometido com a formação crítica e a democracia radical. Apenas não considero possível sustentar nenhuma dessas lutas com base em critérios universais e imperativos categóricos, não submetidos às lutas contingentes pela significação. Propostas permanecem sendo realizadas, normatividades permanecem sendo disputadas e hegemonizadas, porém propostas e normas não têm os supostos alicerces epistemológicos sólidos, capazes de serem justificados fora da luta política que se remete às condições de existência de todos nós. Estamos sempre no terreno pantanoso, líquido e instável do político. Essa instabilidade, por sua vez, me parece capaz de bloquear saídas autoritárias, mesmo as mais redentoras, que supõem ter a resposta final sobre como o mundo deve ser, qual a melhor educação, qual o sentido verdadeiro do currículo, qual o melhor conhecimento, qual a sociedade mais democrática. Para si e para todos os outros.

Se o currículo encontra sua completude, sua definição, se vê encarnado por uma única posição de conteúdo, conhecimento, plano, proposta, cessa a disputa por essa encarnação, a política para construir tal significação torna-se restrita a um momento anterior à definição curricular e a todos os processos, posteriores a essa definição, construídos para garantir a leitura correta da definição preestabelecida. O currículo sucumbe à categoria de coisa a ser reproduzida nas salas de aula, nos livros, na formação de professores, nas avaliações. Julgo mais democrático considerar o currículo um espaço-tempo no qual a política se realiza, realizando o que significamos como currículo. Isso implica admitir o fracasso de todo texto político, a inevitável tradução de qualquer texto. O investimento radical em toda proposta curricular.

Apostar em um investimento radical é considerar que não deixamos de intervir, fazer julgamentos ou propor projetos, ou mesmo normas, em virtude de não existirem parâmetros epistemológicos fixos, princípios categóricos gerais, referentes externos ou estruturas garantidoras dessas normas. Ao contrário, estamos fadados a fazer julgamentos, projetos, propostas, a escrever textos e a justificar o caráter razoável de tudo que realizamos. Todo tempo são realizadas negociações em torno das significações que se pretende estabilizar, são produzidas articulações entre demandas diferenciais que provisoriamente se tornam equivalentes frente ao exterior que se supõe ameaçar o atendimento dessas demandas. Todo tempo tais significações, fixações, estabilizações, discursos são deslocados.

Por vezes, na política curricular, na tentativa de estabilizar certos sentidos de currículo, de produzir objetivações, a contingência que possibilita certos discursos, certas significações curriculares, é apagada. Os atos de poder que geram decisões políticas são invisibilizados. A hegemonização de certos sentidos pode se apresentar como aparentemente imune ao diferir.

Penso serem possíveis dois caminhos para ampliar as possibilidades democráticas, reforçando o jogo político do currículo que, com o tempo, leva a que toda hegemonia fracasse (Laclau, 1990). A primeira delas envolve a própria teoria curricular, no trabalho de investigar e tentar tornar visíveis essas marcas contingentes, reativando possibilidades desconsideradas para o currículo. A teoria não tem uma função normativa, apontando como o futuro será. Mas tem um compromisso com a ampliação das formas de significar o mundo. Compromisso e responsabilidade com a formação de professores, com a produção teórica e a socialização do conhecimento, rigor metodológico e profundidade teórica nas pesquisas, compromisso teórico-político na vida acadêmica vêm sendo alguns dos significantes mobilizados na tentativa de expressar a possibilidade de intervenção (teórica) radical.

O segundo caminho me parece ser, no momento, a ampliação dos espaços de poder de decisão, questionando a centralização curricular em nível nacional, e por vezes mesmo internacional. A ampliação desses espaços pode favorecer que a luta política e a tradução associada à produção curricular se aprofundem. No contexto da luta política atual, essa ampliação de espaços de poder me parece estar associada à produção de propostas curriculares no âmbito das escolas, longe das pretensões de unificar um sentido para o *currículo nacional* para o que venha ser educação.

E na medida em que teoria e política não se separam, esses dois caminhos de certa forma são um só: no contexto no qual me insiro e com o qual me comprometo, o da pesquisa nas políticas de currículo, esses dois caminhos se articulam e se fazem um. São caminhos que se constroem em função das articulações discursivas que hoje garantem certas subjetivações no campo, nas quais estou (suponho estar) inserida.

Essas me parecem ser as alternativas de investimento radical, as possibilidades para o trabalho teórico-político no campo do currículo neste momento. Como todo investimento, sem garantias e sem certezas, remetido a um por vir, sempre adiado, sobre o qual nada se sabe, mas no qual, ainda assim, supomos colocar o melhor de nós.

CONCLUSÕES: POR UM CURRÍCULO SEM FUNDAMENTOS

A história do currículo é marcada pela ideia de que possa existir uma base racional que sustente as decisões sobre os saberes e as atividades educativas, frequentemente reduzidas a atividades de ensino, seja essa base em função de princípios epistemológicos, psicológicos ou mesmo sociológicos, em geral com fins emancipatórios (Lopes; Macedo, 2011). Os focos nos objetivos, na transformação social, nos saberes universais são exemplos desses processos. As finalidades sociais se modificam — formar o profissional adequado ao mercado de trabalho, formar o sujeito crítico, formar o sujeito emancipado, o cidadão, o protagonista de seu projeto de vida —, mas as tentativas de conter a significação e o fluxo do diferimento dos sentidos se mantêm.

Tais tentativas de contenção da tradução envolvem relações de poder vinculadas à avaliação centrada nos resultados, à busca de padrões que garantam a formação de competências e aprendizagens dos cidadãos escolarizados, e os financiamentos e as ações normativas voltados ao atingimento das metas previstas. Muitas vezes, o registro desses fundamentos (parâmetros curriculares, uma base comum nacional, um guia para as ações nas escolas, dentre outros) é vinculado a uma série de pressupostos que têm suas contingências apagadas: o vínculo imediato entre educação e desenvolvimento econômico, o caráter salvacionista da educação (quase todos os problemas sociais são supostos como resolvidos com mais educação), redução da educação a níveis de aprendizagem e ao fornecimento de garantias sociais de que todos os estudantes terão credenciais/padrões de aprendizado uniformes, restrição da crítica teórica à base comum nacional ao registro ideológico — sob certo registro depreciativo da ideologia —, a suposição de que professores não sabem o que fazer nas escolas, ou não têm condições para tal, sem um guia predefinido.

Sistemas internacionais de avaliação, a elaboração de classificações do nível educacional de diferentes países, tal como no Pisa, e a busca por certo padrão curricular nacional, tal como a BNCC, são apenas alguns exemplos dessas tentativas. Com essas políticas, os discursos que reificam o currículo são intensificados. O currículo se torna, cada vez mais, um objeto: seus conteúdos são selecionados, distribuídos e estratificados; o currículo é medido, organizado e predeterminado.

Tais discursos assumem de forma híbrida traços de abordagens críticas e instrumentais (Carusi, 2025), por referência a uma normatividade que tenta bloquear diferentes interpretações do currículo. Embora os objetivos buscados possam ser diferentes, é similar o objetivo de formar identidades supostamente capazes de garantir tais propósitos. Podem ser identidades emancipatórias e críticas em busca de justiça social ou identidades associadas às disposições adequadas ao mundo globalizado. Permanece um registro de identidades que possam, de algum modo, ser fixadas, supostas como controláveis e vinculadas a um projeto de futuro.

Muitas vezes, as tentativas de conter os conflitos políticos e as diferentes interpretações das propostas curriculares são desenvolvidas usando como argumentos os sucessos curriculares de outros países e referências internacionais. O investimento em certa normatividade curricular recorre a políticas de centralização curricular e a uma cultura da testagem de outros países, descontextualizando essas políticas em nome de um núcleo suposto como essencial. Esse investimento é realizado não apenas por órgãos governamentais, como o Ministério da Educação e Secretarias de Educação de estados e municípios, mas também por ações articuladas por instituições não governamentais e pelo terceiro setor.

Por mais que também seja afirmado que propostas curriculares centralizadas não interferem na autonomia de estados, municípios e escolas, e por mais que também tenha que ser considerado que, muitas vezes, secretários de educação desses mesmos entes federados e diretores de escolas cobrem a existência dessa definição centralizada para dar um norte e servir de apoio às suas ações, a proposta curricular centralizada contribui para frear projetos contextuais e se tornar referência única. Vale destacar que frear os projetos locais não significa impedi-los, impossibilitá-los, saturar a significação de uma vez por todas por intermédio de uma única leitura da base, uma vez que a tradução permanece atuando.

Tal interpretação, todavia, contribui para que traduções contextuais sejam consideradas complementos submetidos à norma, algo da ordem do não prioritário, acréscimo local, não referente ao conteúdo essencial a ser avaliado, este sim contido na referência centralizada: a base. A base, por sua vez, se transforma em referência para avaliações, livros didáticos, editais federais, ações de formação inicial e continuada de professores. Faculta uma tendência a invisibilizar experiências que contextualmente produzem outros sentidos de currículo. A reforma educacional tende a ser concebida como a mudança que pode/deve ser organizada sem considerar o obrigatório diálogo crítico com as experiências em curso nas escolas.

Outro efeito associado à lógica de se operar com a construção de um currículo centralizado é o de aceitar, praticamente sem críticas, os resultados de exames internacionais, tal como o Pisa, naturalizando o próprio exame. O propósito de construir um currículo comum é articulado à ideia de que o conhecimento é neutro e pode ser reduzido a um conjunto de índices passíveis de serem medidos em uma prova internacional (além das muitas provas nacionais, igualmente naturalizadas). Apesar de programas como o Pisa afirmarem avaliar a capacidade de os estudantes utilizarem conhecimentos e habilidades, adquiridos em sua escolarização, para resolver problemas cotidianos, é desconsiderado que esses conhecimentos e habilidades têm vínculos socioculturais contextuais, tornando problemática a ideia de uma avaliação internacional (Díaz Barriga, 2011; Popkewitz, 2013; Pinto; Lopes, 2025). Como discute Miller (2014), na maioria das vezes, tenta-se ler nesses testes de larga escala o que é impossível de ser lido, dadas sua imprevisibilidade e mesmo incognoscibilidade.

Penso ser interessante considerar a produtividade de que a política de currículo, em vez de incorporar tantos mecanismos centralizados de controle da significação, incorpore a dimensão do fracasso da leitura de qualquer texto político. Como defendi até aqui, propostas e práticas curriculares são textos, submetidos à interpretação mediada pela linguagem (Lopes; Macedo, 2011; 2025). Não há uma verdade a ser extraída de propostas e práticas de forma descontextualizada, assim como não há uma verdade a ser extraída da realidade ou dos referentes por um acesso direto. Propostas e práticas curriculares não são identidades isoladas nem hierarquizadas. São textos submetidos a leituras diferenciais; leituras que produzem sentidos, significados, sujeitos e identidades contextuais. Como os que trabalham com a teoria do discurso não se cansam de repetir, toda significação é provisória, precária e contingente. A provisoriedade, a precariedade e a contingência não caracterizam um fenômeno contemporâneo, expressando a ruptura com um passado em que a permanência, a solidez, bem como a obrigatoriedade e a previsibilidade dos eventos, estivessem garantidas. Sendo atinentes à discursividade, tais dimensões são expressões humanas para todos os espaços-tempos constituídos pela linguagem.

É nessa perspectiva que defendo que todo esforço realizado na fixação de bases e conteúdos curriculares comuns em nível nacional, e nas ações que visam garantir essa fixação, poderia ser substituído pela possibilidade de que diferentes negociações de sentidos fomentassem traduções no/do currículo. Debater contextualmente o que está sendo realizado nas escolas e o que estamos valorizando pode ser uma aposta mais produtiva para as políticas de currículo. Disseminar diferentes propostas curriculares — disciplinares, interdisciplinares ou mesmo antidisciplinares —, mobilizar diferentes caminhos e diferentes possibilidades curriculares — muitas delas já realizadas nas escolas —, promover o debate amplo sobre o que é realizado, tudo isso pode ser uma aposta mais plural e heterogênea.

Essa aposta, por sua vez, não é delírio, não é conceber o mundo como significado por cada particular de forma isolada, desarticulada, sem nenhuma conexão mútua, nenhum sentido partilhado. Não é a filosofia de que os jogos de linguagem nos levam ao "Assim é se lhe parece" pirandelliano na significação.

No jogo (de linguagem) que significa o currículo de uma dada maneira, de várias possíveis maneiras, há práticas discursivas que constituem formas de significar: disciplinas, tendências pedagógicas, visões de mundo, de conhecimento, de ciência, diferentes processos sociais que constituem significações e registros que possibilitam identificações, equivalências de sentidos. Múltiplas práticas nos aproximam, ainda que nunca nos torne iguais: formação de professores, acervo de livros acadêmicos e não acadêmicos, didáticos ou não, meios de comunicação, frequentemente nomeados tradições curriculares ou cultura pedagógica.

Com essas práticas (discursos), tradições e cultura produzimos currículo, julgando estar transmitindo um legado às novas gerações. Como procurei argumentar ao longo deste livro, em todo processo no qual se supõe transmitir uma cultura, uma tradição, essa cultura e essa tradição se dispõem à renovação. Em todo processo no qual se supõe instituir uma novidade, o novo só se faz por referência a uma tradição cultural. O conhecimento, a tradição, a cultura ou a história não são negados. Não é possível negar ou abandonar a metafísica, nem tudo que com ela foi construído. Mesmo que assim desejássemos. É inevitável herdar os conhecimentos e as estruturas, disciplinares ou não, "[...] não há como escapar da 'cumplicidade' com a tradição (somente ela nos fornece todos os conceitos e vocabulários)"

(Bennington, 2004a, p. 17). Essa herança, contudo, é lida, traída, negociada na desconstrução.

É por essa leitura que tais projetos e propostas não podem ser definidos por alguma teoria pedagógica, algum princípio racional, algum cálculo preestabelecido, algum fundamento apresentado como imune à necessidade de negociar contextualmente e de ser submetido à tradução pelos tantos outros que estarão em relação com tais projetos e propostas. É também por essa leitura que se torna questionável submeter tais projetos à pretensão de medir, comparar e avaliar conhecimentos/padrões de aprendizagem para alcançar a medida/comparação/avaliação de pessoas.

A manutenção de um projeto fixado como o melhor para todos, um conhecimento, competências, conteúdos ou uma cultura comum, universalizados de uma vez por todas como necessários para todos, pode igualmente justificar toda e qualquer intervenção política, mesmos as autoritárias, em detrimento da heterogeneidade e da negociação contextual, criadoras de currículo em múltiplos sentidos.

Destaco, assim, que conceber um currículo sem fundamentos é admitir a política em um cenário de incertezas e sem respostas definitivas. A ausência de fundamentos é o que nos permite estar sempre atuando politicamente na tentativa de produzir esse fundamento, sabendo-o precário, ilusório, efêmero. É buscar dissolver a possibilidade de uma intervenção pré-programada e com projeto de pretensão universalizante, a despeito do jogo político. É uma articulação que favorece, a meu ver, uma política curricular que não se limite a produzir o currículo possível, mas invista também na invenção do impossível. Tal enfoque implica abandonar a política concebida como projeto de intervenção ou prescrição, direcionado a uma meta suposta como comum a todos os contextos, que tenta apagar os antagonismos e conflitos, apagando as marcas de sua contingência.

Há quem almeje, como faz Paul Auster (2017) em seu romance *4321*, identificar diferentes realidades contextuais passíveis de serem desenhadas a partir do atual cenário. Mas só a literatura, esta instituição fictícia que extrapola as instituições e, em princípio, permite dizer tudo (*tout dire*)[1], desafiando e suspendendo a lei (Derrida, 2014, p. 36), poderia nos fazer considerar tal multiplicidade de contextos de currículos e escolas. Não se trata, portanto, de tentar situar e registrar múltiplos e diferentes contextos para apresentá-los, tal e qual, aos docentes como possibilidades de trabalho. Falo de reativar as noções de escola e de currículo vinculadas à contextualização radical.

Tal conclusão torna qualquer decisão sobre um currículo resultado de um investimento radical. O investimento radical, no sentido de Laclau (2004), como já discutido aqui, é um investimento indeterminado e sem garantias. Consiste apenas na tentativa de nomear e representar o não representável: nada determina lógica ou previamente um conteúdo normativo, mas, no entanto, esse conteúdo é enunciado e estamos investidos em sua constituição.

Um investimento radical acentua o político e nos dispõe a estar todo tempo, de forma relacional e contextual, decidindo e negociando os sentidos dos projetos curriculares nos quais apostamos. No investimento radical, há comprometimento, ação e responsabilidade sem princípios ou fundamentos universais, exceto aqueles concebidos como particularidades que se universalizam precariamente produzindo identificações sempre sujeitas a deslocamentos que possibilitam desidentificar. Não elimina, contudo, ao contrário, fortalece a ação política como disputa pela significação e pela produção de sentidos em diferentes projetos contextuais.

Tais projetos não são iguais, não remetem aos mesmos propósitos, demandas e interesses, não são neutros e tampouco servem a todos todo o tempo. Em diferentes tempos e espaços de produção de textos e discursos curriculares, o conflito entre esses diferentes projetos se

---

1. Conforme discutido por Evando Nascimento (2018), no comentário sobre a tradução deste texto para o português, com a expressão "*tout dire*", Derrida destaca que a literatura propõe uma forma de libertação que põe em causa a própria institucionalidade e está relacionada à noção de democracia moderna: maior liberdade e infinita possibilidade de relacionamento entre as pessoas.

desenvolve. Nem somos todos pela mesma educação, nem existe, ou deve existir, a mesma educação para todos, nem sequer sabemos quem são todos. Mesmo porque discursos também podem interromper e desconstruir instituições e traduções, produzindo novos modos políticos de interpretar e agir.

Esse investimento radical guarda certa relação com a noção de promessa em Derrida. Nós, sujeitos das escolas, produtores de teorias e propostas curriculares, podemos realizar a promessa de que vamos oferecer oportunidades de entendimento, de incentivar a abordagem das especificidades contextuais, de propor a formação de uma conexão global de todos. Mas, como toda promessa, "[...] deve ser assombrada ou ameaçada pela possibilidade de ser traída, de ser má" (Derrida, 2012, p. 249). Essa possibilidade é introduzida, porque não se trata de uma programação, um cálculo, que preestabeleça um "telos".

Todavia, não é porque não podemos programar ou preestabelecer um futuro que não vamos prometer, comprometer-nos com a educação, responsabilizar-nos pela realização do currículo nas escolas. É porque o por vir não é programável e não está preestabelecido que podemos (devemos?) prometer ao outro um investimento radical na realização do que almejamos, assombrados pela possibilidade de não realização deste projeto. É assim que a promessa curricular pode ser um convite aberto ao outro, a uma tradução que só se faz na relação com o outro, produzindo currículo no contexto da escola sem que esse currículo seja uma decorrência obrigatória de uma teoria curricular.

Aqui, considero que me cabe, na citação de muitos outros, teorizar sobre currículo e, talvez, de algum modo, contribuir para que em diferentes contextos muitas e diferentes propostas curriculares se façam, sejam feitas, interpretadas, na contramão de uma reificação do currículo, na reafirmação do seu caráter radicalmente contextual.

Não a interpretação no sentido hermenêutico, na medida em que não há a pretensão de produzir um movimento de convergência a alguma unidade interpretativa. Tampouco falo da interpretação para valorizar uma polissemia, com um sentido original que se pluraliza em formas diversas. Refiro-me à interpretação como textualidade, leitura, tradução, desconstrução: uma perspectiva dispersiva, disseminativa, na qual não há nenhum sentido único a ser buscado ou construído (Bennington, 2000).

Autores como Michael Young tentam valorizar a centralidade do conhecimento no currículo, em sua particular relação com as disciplinas escolares, buscando garantir a herança de um conhecimento considerado capaz de guiar as ações, as melhores práticas, as *performances*, subsidiar as decisões políticas que são julgadas adequadas e corretas, porque baseadas em enunciados construídos sobre um sólido fundamento epistemológico. Com esse enfoque de teoria curricular, tenta-se conter os fluxos de sentidos dos processos interpretativos, e tal controle pode até ser considerado meritório na suas intenções e finalidades.

Argumento, contudo, que tal pretensão desconsidera o quanto qualquer conhecimento está submetido à interpretação, é desde já tradução (Siscar, 2013). Não há um conhecimento a ser herdado, como uma seleção de arquivos estáveis, selecionados pela história, sem que essa herança seja suplementada e traduzida. Os projetos de controle da interpretação estão fadados ao fracasso pelas traduções inevitáveis associadas a todo texto, toda enunciação. Além disso, se a interpretação está associada à possibilidade de invenção, seu bloqueio é também o bloqueio das possibilidades de mudarmos as estruturas interpretativas com as quais o mundo é significado. É possível dizer que na constante tentativa de mudar o mundo por meio do controle da interpretação, via conhecimento ou qualquer fundamento curricular, mais se bloqueia a possibilidade de invenção de novos mundos, de acontecimentos na educação.

Não defendo uma concepção epistemológica pragmática, calcada no apelo ao consenso ou à convenção, pela qual um conhecimento verdadeiro seria aquele validado por métodos e enquadramentos aceitos em uma comunidade, por exemplo, a comunidade disciplinar. Tal perspectiva mantém a verdade do conhecimento presa ao instituído, ao que está incluído no sistema aceito, e é demonstrável por esse sistema e seus enquadramentos (Culler, 2008). Tal perspectiva desconsidera as exclusões, desconsidera o que está fora do consenso e da hegemonia discursiva instituída. Para usar os termos de Laclau (1998), é importante dessedimentar o que se encontra sedimentado, e uma forma de fazê-lo é entender o universal — uma posição epistemológica autorizada, um discurso instituído — como um particular que teve apagada a contingência que lhe possibilitou se universalizar.

Tal leitura também exige considerar a relação com o afeto. Como discute Laclau (2013), seria um equívoco separar a interpretação e a significação da dimensão do afeto. A inteligibilidade de algo, e o investimento que se exerce sobre esse algo, argumenta Laclau, só existe por meio do afeto. É o afeto que confere força ao investimento radical em um projeto. Também me parece importante considerar posições como as de Mouffe (2020), quando defende que a política não pode ser tratada como devendo ser embasada em uma suposta pureza racional. Ainda segundo a autora, esse racionalismo tanto desconsidera o papel decisivo desempenhado pelos afetos na constituição das identidades políticas quanto a energia afetiva, inscrita nas práticas discursivas, que precisa ser mobilizada na luta política democrática.

É possível, então, concluir que a teoria do discurso não elimina a possibilidade de comunicação, dentre elas a pedagógica, nem elimina a política, dentre elas a política de currículo. Defendo que a teoria do discurso, e com ela a desconstrução, considera ser possível educar, comunicar e fazer política sem garantias ou plenitude, sem a produção de uma normatividade que possa, de uma vez por todas, regular as ações humanas. Se nenhuma norma existe, o social não é constituído. A norma constituída hegemonicamente, entretanto, não pode se transformar no autoritarismo que visa apenas garantir o cumprimento da norma. A continuidade da política e a multiplicação dos centros de poder, nessa perspectiva, mantêm aberta a negociação democrática sobre a normatividade que visa a constituir o social de certa maneira.

A afirmação de que somos marcados socialmente pela normatividade não é nova, como explorei no capítulo anterior. Há, no entanto, debates intensos sobre qual investimento político deve ser feito em nome de certos padrões normativos éticos. A própria tendência normativa que marca a história do pensamento curricular pode ser a expressão desse esforço normativo da política, fazendo com que toda disputa entre as concepções de currículo ocorra em um campo teórico-político. Os investimentos normativos visam à clareza dos princípios, à construção de um todo teórico coerente e completo e ao controle do que deve ser ensinado, desconsiderando que estamos o tempo todo negociando politicamente a significação de objetividades e subjetividades enunciadas, desconsiderando a possibilidade de convocar o outro à tradução. Os investimentos normativos tentam bloquear o conflito político em torno das diferentes possibilidades de resposta ao que se torna normativo. No máximo, tentam estabelecer um momento de conflito político — anterior à produção de uma proposta curricular —, evitando que esse conflito permaneça após uma certa resposta ser estabilizada em norma, lei, registro da verdade, consenso coletivo.

Como discuti até aqui, para a teoria do discurso, não existe lógica interna e inerente a algo que seja possível denominar realidade. Só existe o caos a ser ordenado por diferentes atos de poder. A modernidade pretendeu compreender o mundo como dotado de uma ordem que o pensamento racional, de modos distintos, extrairia desse mesmo mundo para dominá-lo.

No pós-estruturalismo, a posição é de que só existe caos, e os seres humanos é que tentam conferir ordem, racionalidade e lógica a esse caos. A busca pela ordem foi — e continua sendo em muitos registros — empreendida supondo um regramento para essa ordem. Uma racionalidade e uma lógica foram e são construídas se sobrepondo à necessidade de argumentar e negociar politicamente, com todas as dificuldades e conflitos que tais processos envolvem.

De certa forma, o que é proposto pela teoria do discurso é uma aposta em sermos mais humanos. Assumir a condição humana — demasiado humana —, finita, provisória, heterogênea, faltosa e fracassada faz parte dessa compreensão de política; conviver com a necessidade — e impossibilidade — de argumentar e negociar a significação e os sentidos que damos ao caos.

Nessa perspectiva, o que tento questionar neste livro e com as diferentes pesquisas que oriento e desenvolvo é tanto a política de currículo, que pretende produzir discursos para "dizer a verdade para o outro", como a política de currículo, que tenta "tornar o outro consciente da verdade do mundo". Ambas as políticas desencadeiam sentidos que tendem a produzir um discurso, uma interpretação, um modo de ser para o outro, e no lugar do outro, na perspectiva de fechar de uma vez por todas a significação e a produção de sentidos. A teoria curricular discursiva, diferentemente, aposta na possibilidade de se negociar o que há para ser dito, produzir interlocução no currículo, ciente da impossibilidade de se estar no lugar do outro, mas ainda assim tentando interpretar esse lugar e produzir conexões, afetar e se responsabilizar pelo outro.

Nesse movimento multidirecional e descentrado, as intervenções radicais são indecidíveis. Quem pesquisa não é a(o) intelectual que se supõe porta-voz de uma verdade nem tenta formar porta-vozes de verdades. Igualmente, quem pesquisa não é quem pode prescrever ou pré-inscrever o currículo em determinado sentido. De forma mais precária, pesquisar impõe tentar dessedimentar discursos instituídos, produzir outras leituras, outros discursos e atuar na direção de negociar essas leituras com tantas outras leituras, sabendo-se igualmente submetido a essa produção discursiva.

Nesse debate me parece promissor inserir as referências que Derrida faz ao *talvez*. Não o *talvez* que remete à hesitação, à dúvida que nunca se resolve ou que gera confusão e imprecisão, que nos impõe um *ou isto ou aquilo* interminável e nos imobiliza. Derrida aborda o *talvez* como sendo o que nos priva de toda segurança, deixando o porvir ao por vir (Derrida, 2004), sem cálculo e estratégias para definir este por vir como um futuro pré-programado. Não há porvir nem a experiência do acontecimento sem a experiência do talvez, de um pode ser (Derrida, 2003). O *talvez* interrompe a determinação, interrompe a própria decisão, impedindo que ela estabilize um sujeito da decisão.

Ao mesmo tempo, o *talvez* é a condição de possibilidade da decisão, a decisão interrompe o *talvez*. O *talvez* não apenas vem antes de um conhecimento ou uma investigação, como também os possibilita. É o *talvez* do que permanece a ser pensado, feito, vivido, a ser inventado (Derrida, 2005). Desse modo, o *talvez* é uma referência à abertura ao outro, à obrigatória relação com o outro, pois toda decisão é uma decisão diante do outro e (me) acontece (Derrida, 2003).

O *talvez* é também uma forma de conectar o acontecimento simultaneamente à experiência do possível e do impossível. Se o acontecimento é o inantecipável (Derrida, 2012), é um possível não programado de antemão, o *talvez* está conectado à aceitação do acontecimento como invenção do impossível. O *talvez* diz *sim* ao acontecimento, à possibilidade de disrupção, ao deslocamento.

Volto então às construções ilusórias com as quais compreendemos a política. Podemos operar como se todas essas construções fossem um terreno sedimentado que nos faz optar em qual lado investimos, qual posição tomamos, o que imaginamos como futuro. Mas vale manter o *talvez* operando nessas interpretações, se queremos estar abertos às possibilidades impossíveis do acontecimento, ao por vir. É como se o mundo da política fosse de um jeito, mas pudéssemos manter a ideia de que talvez assim possa não ser. Talvez seja possível ser de outro modo, porque nenhuma resposta elaborada para a política é capaz de abolir o *talvez* (Derrida *apud* Bennington, 2000).

É possível também dizer que *talvez* e *como se*, tantas vezes mencionados ao longo deste livro, são operadores conectados à espectralidade (Derrida, 2004) que nos permitem manter a indecidibilidade na decisão, nos afastando da crença em uma interpretação sem falta, em uma compreensão que não suponha a vinda do outro, ou que tencione deixar de lado as impurezas da retoricidade e das particularidades e, com isso, bloqueie a possibilidade do acontecimento.

Talvez as palavras de Derrida, escritas para discutir outros temas, como a responsabilidade, a ética e a moral, certa normatividade, possam servir para fechar este livro, sem fechar as questões aqui apresentadas.

> Portanto, tudo ainda continua aberto, suspenso, indeciso, questionável até mesmo para além da questão, e na verdade, para usar outra figura, absolutamente aporético. [...] O que é o "o que é"? Neste caso? Etc. Essas questões são sempre urgentes. De certa maneira, devem continuar urgentes e sem resposta, em todo caso sem resposta geral e regulamentada, sem resposta, a não ser aquela que se liga singularmente, a cada vez, ao evento de uma decisão sem regra e sem vontade, no curso de uma nova prova indecidível (Derrida, 1995, p. 28).

Conviver com a incerteza do jogo político parece ser o que nos resta. Nesse jogo, opto pela defesa de um currículo sem fundamentos, sem uma razão ou regra que nos faça supor ser possível chegar a um sétimo dia em que vamos descansar da negociação na contextualização radical da política de currículo.

Rio de Janeiro, maio de 2025

Alice Casimiro Lopes

@politicasdecurriculoecultura

@alicecasimirolopes

@literatice

www.curriculo-uerj.pro.br

www.literatice.com.br

REFERÊNCIAS

ALBA, Alícia de. *Curriculum-sociedad*: el peso de la incertidumbre, la fuerza de la imaginación. México: IISUE/Plaza y Valdés, 2007.

ALMEIDA, Maria Isabel; SALCES, Claudia Dourado; FERNANDES, Tiago Rufino. O que pode a escola pública diante das desigualdades? *Revista de Educação PUC-Campinas*, Campinas, v. 26, e215328, 2021.

APPADURAI, Arjun. *La modernidad desbordada*: dimensiones culturales de la globalización. Buenos Aires: FCE, 2001.

APPLE, Michael. Podem as pedagogias críticas sustar as políticas de direita? *Cadernos de Pesquisa*, São Paulo, n. 116, p. 107-142, jul. 2002.

APPLE, Michael; BEANE, James. *Escuelas democráticas*. Madrid: Morata, 1997.

ARAUJO, Hellen Gregol; LOPES, Alice Casimiro. Redes políticas de currículo: a atuação da Fundação Getulio Vargas. *Práxis Educativa* (impresso), Goiânia, v. 16, p. 1-18, 2021.

ARAUJO, Hellen Gregol; LOPES, Alice Casimiro. Ações de redes políticas na pandemia. *Revista e-Curriculum (PUC-SP)*, São Paulo, v. 21, p. 1-27, 2023a.

ARAUJO, Hellen Gregol; LOPES, Alice Casimiro. Redes políticas na educação brasileira: o caso da Base Nacional Comum Curricular. *Archivos Analíticos de Políticas Educativas/Education Policy Analysis Archives*, Tempe, v. 31, p. 1-24, 2023b.

ARROJO, Rosemary. *O signo desconstruído*: implicações para a tradução, a leitura e o ensino. Campinas: Pontes, 1992.

AUSTER, Paul. *4321*. New York: Henry Holt & Company, 2017.

BACHELARD, Gaston. *O novo espírito científico*. Rio de Janeiro: Tempo Brasileiro, 1985.

BACHELARD, Gaston. *La philosophie du non*. Paris: Presses Universitaires de France, 1988.

BALARIN, Maria. Post-structuralism, realism and the question of knowledge in educational sociology: a Derridian critique of social realism in education. *Policy Futures in Education*, Thousand Oaks, v. 6, n. 4, p. 507-527, 2008.

BARROS, Thomás Zicman de. Desire and collective identities: decomposing Ernesto Laclau's notion of demand. *Constellations*, [*s. l.*], v. 27, n. 2, p. 1-11, 2020.

BECSKEHÁZY, Ilona; LOUZANO, Paula. Saindo da inércia. *Boletim da Educação no Brasil*, São Paulo: Preal/Fundação Lemann, 2009. 66 p.

BENNINGTON, Geoffrey; DERRIDA, Jacques. *Jacques Derrida*. Rio de Janeiro: Jorge Zahar, 1996.

BENNINGTON, Geoffrey. *Interrupting Derrida*. New York: Routledge, 2000.

BENNINGTON, Geoffrey. Desconstrução e ética. *In:* DUQUE-ESTRADA, Paulo (org.). *Desconstrução e ética*: ecos de Jacques Derrida. Rio de Janeiro: PUC-Rio; São Paulo: Loyola, 2004a. p. 9-31.

BENNINGTON, Geoffrey. Entrevista com Geoffrey Bennington. *In:* DUQUE-ESTRADA, Paulo (org.). *Desconstrução e ética*: ecos de Jacques Derrida. Rio de Janeiro: PUC-Rio; São Paulo: Loyola, 2004b. p. 193-234.

BENNINGTON, Geoffrey; DERRIDA, Jacques. Política e amizade: uma discussão com Jacques Derrida. *In:* DUQUE-ESTRADA, Paulo (org.). *Desconstrução e ética*: ecos de Derrida. Rio de Janeiro: PUC-Rio; São Paulo: Loyola, 2004. p. 235-247.

BERNSTEIN, Basil. *Pedagogía, control simbólico e identidad*. Madrid: Morata, 1998.

BIESTA, Gert. *Beyond learning*: democratic education for a human future. Boulder, CO: Paradigm Publishers, 2006.

BIGLIERI, Paula. El enfoque discursivo de la política: a propósito del debate sobre el pueblo como sujeto de una posible política emancipatoria. *Debates & Combates*, Buenos Aires, p. 91-111, 2011.

BIGLIERI, Paula; PERELLÓ, Glória. The names of the real in Laclau's theory: antagonism, dislocation, and heterogeneity. *Filozofski Vestnik*, Ljubljana, v. 32, n. 2, p. 47-64, 2011.

BROWN, Wendy. *Nas ruínas do neoliberalismo*: a ascensão da política antidemocrática no Ocidente. São Paulo: Politeia, 2019.

BUTLER, Judith. Conclusiones dinámicas. *In:* BUTLER, Judith; LACLAU, Ernesto; ZIZEK, Slavoj. *Contingencia, hegemonía, universalidad*: diálogos contemporáneos en la izquierda. Buenos Aires: Fondo de Cultura Económica, 2004. p. 263-279.

CAPUTO, John D. *Hermeneutics*: facts and interpretation in the age of information. London; New York: Pelican, 2018.

CARUSI, F. Tony. Between the teacher and educator: a political analysis of an impossible combination. *Asia-Pacific Journal of Teacher Education*, [*s. l.*], v. 53, n. 1, p. 1-17, 2025.

CARUSI, F. Tony; SZKUDLAREK, Tomasz. Education is society... and there is no society: the ontological turn of education. *Policy Futures in Education*, [*s. l.*], v. 18, n. 7, p. 907-921, 2020.

CASTRO, Bruno Fernando. *Professor pode inventar qualquer história?* Hospitalidade e currículo em história. 2024. Tese (Doutorado em Educação) — Programa de Pós-graduação em Educação, Universidade do Estado do Rio de Janeiro, Rio de Janeiro, 2024.

CLARKE, Matthew. The sublime objects of education policy: quality, equity and ideology. *Discourse*: Studies in the Cultural Politics of Education, [*s. l.*], v. 35, n. 4, p. 584-598, 2014.

CLARKE, Matthew. Eyes wide shut: the fantasies and disavowals of education policy. *Journal of Education Policy*, [*s. l.*], v. 35, n. 2, p. 151-167, 2018.

COSTA, Hugo Heleno; LOPES, Alice Casimiro. School subject community in times of death of the subject. *Policy Futures in Education (Online)*, Thousand Oaks, v. 16, n. 4, p. 1-17, 2018.

COSTA, Hugo Heleno; LOPES, Alice Casimiro. O conhecimento como resposta curricular. *Revista Brasileira de Educação*, Rio de Janeiro, v. 27, p. 1-23, 2022.

COUTINHO, Marco A.; FERREIRA, Nadiá P. *Lacan, o grande freudiano*. Rio de Janeiro: Jorge Zahar, 2005.

CRITCHLEY, Simon. ¿Hay un déficit normativo en la teoría de la hegemonía? *In*: CRITCHLEY, Simon; MARCHART, Oliver (org.). *Laclau*: aproximaciones críticas a su obra. Buenos Aires: Fondo de Cultura Económica, 2008. p. 145-155.

CULLER, Jonathan. Convention and meaning: Derrida and Austin. *New Literary History*, [*s. l.*], v. 13, n. 1, p. 15-30, 1981.

CULLER, Jonathan. *On deconstruction*: theory and criticism after structuralism. 25. ed. New York: Cornell University Press, 2008.

DALY, Glyn. Ideology and its paradoxes: dimensions of fantasy and enjoyment. *Journal of Political Ideologies*, [*s. l.*], v. 4, n. 2, p. 219-238, 1999.

DALY, Glyn. Introdução — arriscando o impossível. *In:* ZIZEK, Slajov. *Arriscar o impossível*: conversas com Zizek. São Paulo: Martins Fontes, 2006. p. 7-32.

DARMON, Marc. Barra, metáfora e metonímia — a barra do algoritmo tal como Lacan a utiliza. *Revista Veredas*, São Paulo, ano 2, n. 4, p. 1-6, dez. 1994.

DARRIBA, Vinícius. Falta conceituada por Lacan: da coisa ao objeto A. *Ágora*, Rio de Janeiro, v. 8, n. 1, p. 13-26, jan./jun. 2005.

DENG, Zongyi. Michael Young, knowledge and curriculum: an international dialogue. *Journal of Curriculum Studies*, [*s. l.*], v. 47, n. 6, p. 723-732, 2016.

DENG, Zongyi. Constructing 'powerful' curriculum theory. *Journal of Curriculum Studies*, [*s. l.*], v. 53, n. 2, p. 179-196, 2021.

DENG, Zongyi. Powerful knowledge, educational potential and knowledge-rich curriculum: pushing the boundaries. *Journal of Curriculum Studies*, [*s. l.*], v. 54, n. 5, p. 599-617, 2022.

DERRIDA, Jacques. *Limited Inc*. Evanston: Northwestern, 1988.

DERRIDA, Jacques. *Margens da filosofia*. Campinas: Papirus, 1991.

DERRIDA, Jacques. *Espectros de Marx*. Rio de Janeiro: Relume-Dumará, 1994.

DERRIDA, Jacques. *Paixões*. Campinas: Papirus, 1995.

DERRIDA, Jacques. Notas sobre desconstrucción y pragmatismo. *In:* MOUFFE, Chantal (org.). *Desconstrucción y pragmatismo*. Buenos Aires: Paidós, 1998. p. 151-170.

DERRIDA, Jacques. *Posições*. Belo Horizonte: Autêntica, 2001a.

DERRIDA, Jacques. "A certain 'madness' must watch over thinking" — Jacques Derrida's interview with François Ewald. *In*: BIESTA, Gert; EGÉA-KUEHNE, Denise (ed.). *Derrida and education*. New York: Routledge, 2001b. p. 55-76.

DERRIDA, Jacques. *Negotiations*: interventions and interviews, 1971-2001. California: Stanford University Press, 2002.

DERRIDA, Jacques. *A universidade sem condição*. São Paulo: Estação Liberdade, 2003.

DERRIDA, Jacques. Como se fosse possível, "within such limits". *In*: DERRIDA, Jacques. *Papel-máquina*. São Paulo: Estação Liberdade, 2004. p. 257-290.

DERRIDA, Jacques. Carta a um amigo japonês. *In*: OTTONI, Paulo. *Tradução manifesta*: double bind & acontecimento. Campinas: Editora da Unicamp; São Paulo: Edusp, 2005a. p. 21-27.

DERRIDA, Jacques. Fidelidade a mais de um: merecer herdar onde a genealogia falta. *In*: OTTONI, Paulo. *Tradução manifesta*: double bind & acontecimento. Campinas: Editora da Unicamp; São Paulo: Edusp, 2005b. p. 167-198.

DERRIDA, Jacques. *Gramatologia*. São Paulo: Perspectiva, 2008.

DERRIDA, Jacques. A estrutura, o signo e o jogo nas ciências humanas. *In:* DERRIDA, Jacques. *A escritura e a diferença*. São Paulo: Perspectiva, 2009. p. 407-426.

DERRIDA, Jacques. *Força de lei*: o "fundamento místico da autoridade". São Paulo: Martins Fontes, 2010.

DERRIDA, Jacques. Uma certa possibilidade impossível de dizer o acontecimento. *Cerrados*, Brasília, v. 21, n. 33, p. 229-251, 2012.

DERRIDA, Jacques. *Essa estranha instituição chamada literatura*: uma entrevista com Jacques Derrida. Belo Horizonte: Editora da UFMG, 2014.

DÍAZ BARRIGA, Ángel (coord.). *La prueba Pisa 2006*: un análisis de su visión sobre la ciencia. México: IISUE, 2011.

DONMOYER, Robert. Theory, practice, and the double-edged problem of idiosyncracy. *Journal of Curriculum and Supervision*, v. 4, n. 3, p. 257-270, 1989.

DUQUE-ESTRADA, Paulo. Alteridade, violência e justiça: trilhas da desconstrução. *In:* DUQUE-ESTRADA, Paulo (org.). *Desconstrução e ética*: ecos de Jacques Derrida. Rio de Janeiro: PUC-Rio; São Paulo: Loyola, 2004. p. 33-64.

DURLI, Zenilde; THIESEN, Juares. Estará morto o conhecimento escolar poderoso? *Educação e Filosofia*, Uberlândia, v. 32, n. 64, p. 91-112, jan./abr. 2018.

FERNANDES, Edison; LOPES, Alice Casimiro. Projeto de vida: afinal, do que estamos falando? *Série Documental (INEP)*, Brasília, v. 1, p. 4-73, 2024.

FERREIRA, Nadiá. Jacques Lacan: apropriação e subversão da linguística. *Ágora*, Rio de Janeiro, v. 5, n. 1, p. 113-132, jan./jun. 2002.

FOUCAULT, Michel. *Microfísica do poder*. São Paulo: Paz e Terra, 2014.

FRANGELLA, Rita de Cássia Prazeres; QUEIROZ, Isabele Lacerda. Ideias para adiar o fim das infâncias: currículo, alfabetização e avaliação na educação infantil. *Currículo Sem Fronteiras*, [*s. l.*], v. 23, p. e1151-12, 2023.

GLYNOS, Jason; HOWARTH, David. *Logics of critical explanation in social and political theory*. London: Routledge, 2007.

GOOR, Roel Van; HEYTING, Frieda; VREEKE, Gert-Jan. Beyond foundations: signs of a new normativity in philosophy of education. *Educational Theory*, Urbana, v. 54, n. 2, p. 172-192, 2004.

HARDT, Michael; NEGRI, Antonio. *Império*. Rio de Janeiro: Record, 2001.

HOWARTH, David. *Discourse*. Buckingham: Open University, 2000.

HOWARTH, David. *Post-structuralism and after*. Hampshire: Palgrave Macmillan, 2013. E-book.

LACAN, Jacques. O simbólico, o imaginário e o real. *Revista Veredas*, São Paulo, ano 2, n. 4, p. 1-19, dez. 1994.

LACLAU, Ernesto. *New reflections on the revolution of our time*. London: Verso, 1990.

LACLAU, Ernesto. Power and representation. *In:* POSTER, Mark (ed.). *Politics, theory and contemporary culture*. New York: Columbia University Press, 1993. p. 277-297.

LACLAU, Ernesto. Desconstrucción, pragmatismo, hegemonía. *In*: MOUFFE, Chantal (org.). *Desconstrucción y pragmatismo*. Buenos Aires: Paidós, 1998. p. 97-136.

LACLAU, Ernesto. Democracy and the question of power. *Constellations*, [*s. l.*], v. 8, n. 1, p. 3-14, 2001.

LACLAU, Ernesto. Ethics, politics and radical democracy — a response to Simon Critchley. *Culture Machine*, [*s. l.*], v. 4, p. 1-4, 2002.

LACLAU, Ernesto. Identidad y hegemonía: el rol de la universalidad en la constitución de lógicas políticas. *In:* BUTLER, Judith; LACLAU, Ernesto; ZIZEK, Slajov. *Contingencia, hegemonía, universalidad*: diálogos contemporáneos en la izquierda. Buenos Aires: Fondo de Cultura Económica, 2004. p. 49-93.

LACLAU, Ernesto. Muerte y resurrección de la teoría de la ideología. *In:* LACLAU, Ernesto. *Misticismo, retórica y política*. Buenos Aires: Fondo de Cultura Económica, 2006a. p. 9-55.

LACLAU, Ernesto. Ideology and post-marxism. *Journal of Political Ideologies*, [*s. l.*], v. 11, n. 2, p. 103-114, jun. 2006b.

LACLAU, Ernesto. Atisbando el futuro. *In:* CRITCHLEY, Simon; MARCHART, Oliver (org.). *Laclau*: aproximaciones críticas a su obra. México: Fondo de Cultura Económica, 2008a. p. 347-404.

LACLAU, Ernesto. Is radical atheism a good name for desconstruction? *Diacritics*, [*S. l.*], v. 38, n. 1-2, p. 180-189, 2008b.

LACLAU, Ernesto. *Emancipação e diferença*. Coordenação e revisão técnica geral: Alice Casimiro Lopes e Elizabeth Macedo. Rio de Janeiro: EdUERJ, 2011.

LACLAU, Ernesto. *A razão populista*. São Paulo: Três Estrelas, 2013.

LACLAU, Ernesto. The politics of rhetoric. *In:* LACLAU, Ernesto. *The rhetorical foundations of society*. London: Verso, 2014a. p. 79-99.

LACLAU, Ernesto. Ethics, normativity and heteronomy of the law. *In:* LACLAU, Ernesto. *The rhetorical foundations of society*. London: Verso, 2014b. p. 127-137.

LACLAU, Ernesto. Reflexões discursivas sobre a esquerda, o deslocamento e a democracia — entrevista. *In:* LOPES, Alice Casimiro; MENDONÇA, Daniel de (org.). *A teoria do discurso de Ernesto Laclau*: ensaios críticos e entrevistas. São Paulo: Annablume, 2015.

LACLAU, Ernesto; MOUFFE, Chantal. *Hegemonia e estratégia socialista*: por uma política democrática radical. São Paulo: Intermeios; Brasília: CNPq, 2015.

LINGARD, Bob. Pisa: fundamentações para participar e acolhimento político. *Educação & Sociedade*, Campinas, v. 37, n. 136, p. 609-627, jul./set. 2016.

LINGARD, Bob. The changing and complex entanglements of research and policy making in education: issues for environmental and sustainability education. *Environmental Education Research*, [*s. l.*], v. 26, n. 1, p. 1-17, 2020.

LOPES, Alice Casimiro. *Políticas de integração curricular*. Rio de Janeiro: Eduerj/ Faperj, 2008.

LOPES, Alice Casimiro. Teorias pós-críticas, política e currículo. *Educação, Sociedade & Culturas*, Porto, v. 39, p. 7-23, 2013.

LOPES, Alice Casimiro. Mantendo o conhecimento na conversação curricular, porém via discurso: um diálogo com Gert Biesta. *Educação (PUC-Camp)*, Campinas, v. 19, n. 2, p. 99-104, 2014.

LOPES, Alice Casimiro. Mesmo ante as sensações sou um pouco ateu. *In:* MIGNOT, Ana Chrystina; MACEDO, Elizabeth; ALVES, Nilda (org.). *Vida e formação*: memoriais de docentes. Curitiba: CRV, 2023. p. 23-58.

LOPES, Alice Casimiro. Ensino médio: criando um projeto moral para gerenciar o futuro dos jovens. *Cadernos de Pesquisa* (Fundação Carlos Chagas, On-line), São Paulo, v. 54, p. 1-20, 2024.

LOPES, Alice Casimiro; CUNHA, Érika; COSTA, Hugo. Da recontextualização à tradução: investigando políticas de currículo. *Currículo sem Fronteiras*, Pelotas, v. 13, p. 392-410, 2013.

LOPES, Alice Casimiro; DIAS, Rosanne Evangelista; ABREU, Rozana Gomes de (org.). *Discursos nas políticas de currículo*. Rio de Janeiro: Quartet Editora/ Faperj, 2011.

LOPES, Alice Casimiro *et al.* Investigando políticas de currículo no Brasil e em Portugal: relações global-local. *In:* LOPES, Alice Casimiro *et al.* (org.). *Políticas educativas e dinâmicas curriculares no Brasil e em Portugal*. Rio de Janeiro: DPAlii/ Faperj, 2008. p. 7-18.

LOPES, Alice Casimiro; MACEDO, Elizabeth. *Teorias de currículo*. São Paulo: Cortez, 2011.

LOPES, Alice Casimiro; MACEDO, Elizabeth. Cuestionando las dicotomías curriculares en las políticas a través de la traducción. *In:* COLL, Cesar; DÍAZ BARRIGA, Frida (org.). *Currículo y calidad de la educación en Iberoamérica*. Montevidéu: Magro Editores, 2025. p. 1-20.

MACEDO, Elizabeth. Currículo e conhecimento: aproximações entre educação e ensino. *Cadernos de Pesquisa (Fundação Carlos Chagas, Impresso)*, São Paulo, v. 42, p. 716-737, 2012.

MACEDO, Elizabeth. Mas a escola não tem que ensinar? Conhecimento, reconhecimento e alteridade na teoria do currículo. *Currículo sem Fronteiras*, v. 17, n. 3, p. 539-554, set./dez. 2017.

MARCHART, Oliver. *El pensamiento político posfundacional*: Nancy, Lefort, Badiou e Laclau. Buenos Aires: Fondo de Cultura Económica, 1999.

MATHEUS, Danielle; LOPES, Alice Casimiro. Sentidos de qualidade na política de currículo (2003-2012). *Educação & Realidade*, Porto Alegre, v. 39, n. 1, p. 337-357, 2014.

MCLAREN, Peter; FARAHMANDPUR, Ramin. Educational policy and the socialist imagination: revolutionary citizenship as a pedagogy of resistance. *Educational Policy*, [*s. l.*], v. 15, n. 3, p. 343-378, jul. 2001.

MCLAREN, Peter; JARAMILLO, Nathalia. Not neo-Marxist, not post-Marxist, not Marxian, not autonomist Marxism: reflections on a revolutionary (Marxist) critical pedagogy. *Cultural Studies <=> Critical Methodologies*, [*s. l.*], v. 10, n. 3, p. 251-262, 2010.

MENDONÇA, Daniel de. Para além da deliberação? Apontamentos sobre a normatividade da teoria pós-estruturalista da democracia radical. *Mediações*: Revista de Ciências Sociais (UEL), Londrina, v. 15, n. 2, p. 99-125, 2010.

MENDONÇA, Daniel de. O limite da normatividade na teoria política de Ernesto Laclau. *Lua Nova*: Revista de Cultura e Ciência Política, São Paulo, n. 91, p. 135-167, 2014.

MILLER, Janet. Teorização do currículo como antídoto contra/na cultura da testagem. *Revista e-Curriculum*, São Paulo, v. 12, n. 3, p. 2043-2063, out./dez. 2014.

MOORE, Rob. Social realism and the problem of knowledge in the sociology of education. *British Journal of Sociology of Education*, [*s. l.*], v. 34, n. 3, p. 333-353, 2013.

MOORE, Rob; YOUNG, Michael. Knowledge and the curriculum in the sociology of education: towards a reconceptualisation. *British Journal of Sociology of Education*, [*s. l.*], v. 22, n. 4, p. 445-461, 2001.

MOREIRA, Antonio Flavio Barbosa. Os princípios norteadores de políticas e decisões curriculares. *Revista Brasileira de Política e Administração da Educação*, Goiânia, v. 28, n. 1, p. 180-194, 2012a.

MOREIRA, Antonio Flavio Barbosa. Em busca da autonomia docente nas práticas curriculares. *Teias*, Rio de Janeiro, v. 13, n. 27, p. 27-47, 2012b.

MORELLI, Silvia. *Postcritical theory and curriculum in Latin America*: policies, bildung, and us hegemony. New York: Routledge, 2024.

MOUFFE, Chantal. *On the political*. London: Routledge, 2006.

MOUFFE, Chantal. Desconstrucción, pragmatismo y la política de la democracia. *In:* MOUFFE, Chantal (org.). *Desconstrucción y pragmatismo*. Buenos Aires: Paidós, 1998. p. 13-66.

MOUFFE, Chantal. *The democratic paradox*. London; New York: Verso, 2000.

MOUFFE, Chantal. *En torno a lo político*. Buenos Aires: Fondo de Cultura Económica, 2007.

MOUFFE, Chantal. *Por um populismo de esquerda*. São Paulo: Autonomia Literária, 2020.

MOUFFE, Chantal; LACLAU, Ernesto. Post-marxism without apologies. *In:* LACLAU, Ernesto. *New reflections of the new revolution of our time*. London: Verso, 1990.

MULLER, Johan. Powerful knowledge, disciplinary knowledge, curriculum knowledge: educational knowledge in question. *International Research in Geographical and Environmental Education*, [s. l.], v. 32, n. 1, p. 20-34, 2023.

MULLER, Johan; YOUNG, Michael. Truth and truthfulness in the sociology of educational knowledge. *Theory and Research in Education*, [s. l.], v. 4, n. 2, p. 159-196, 2007.

MULLER, Johan; YOUNG, Michael. Three educational scenarios for the future: lessons from the sociology of knowledge. *European Journal of Education*, [s. l.], v. 45, n. 1, p. 77-88, 2010.

NASCIMENTO, Evando. *Essa estranha instituição chamada literatura*: uma entrevista com Jacques Derrida. Belo Horizonte: UFMG Press, 2018.

NEGRI, Antonio. *Cinco lições sobre império*. Rio de Janeiro: DP&A, 2003.

NORVAL, Aletta. Trajectories of future research in discourse theory. *In*: HOWARTH, David; NORVAL, Aletta; STAVRAKAKIS, Yannis (ed.). *Discourse theory and political analysis*: identities, hegemony and social change. Manchester: Palgrave, 2000. p. 219-236.

NORVAL, Aletta J. Hegemony after deconstruction: the consequences of undecidability. *Journal of Political Ideologies*, [s. l.], v. 9, n. 2, p. 139-157, 2004.

NORVAL, Aletta. Las decisiones democráticas y la cuestión de la universalidad — repensar los enfoques recientes. *In:* CRITCHLEY, Simon; MARCHART, Oliver (org.). *Laclau*: aproximaciones críticas a su obra. México: Fondo de Cultura Económica, 2008. p. 177-208.

OTTONI, Paulo. *Tradução manifesta*. São Paulo: Edusp; Campinas: Editora Unicamp, 2005.

PEREIRA, Talita Vidal. Políticas e práticas avaliativas: outras possibilidades de interpretar antigos problemas. *Currículo sem Fronteiras*, [*s. l.*], v. 23, p. e1151-12, 2023.

PETERS, Michael; ALBA, Alicia de. *Subjects in process (interventions, education, philosophy, and culture)*. New York: Taylor and Francis, 2015.

PINAR, William F. *et al. Understanding curriculum*. New York: Peter Lang, 1995.

PINTO, Marinazia Cordeiro; LOPES, Alice Casimiro. Espectros e heranças: operando com a desconstrução na BNCC. *In:* SILVA, Fabiany de Cassia Tavares; NOVAES, Luis Carlos (org.). *Conhecimentos em ação e a Base Nacional Comum Curricular*. Campo Grande: Editora Oeste, 2021. p. 17-31.

PINTO, Marinazia Cordeiro; LOPES, Alice Casimiro. Ocupa escolas: assim também se produz currículo. *Educação*: Teoria e Prática, Rio Claro, v. 34, p. 1-22, 2024.

PINTO, Marinazia Cordeiro; LOPES, Alice Casimiro. A im-possibilidade da avaliação a partir de Derrida. *Ensaios Filosóficos*, Rio de Janeiro, n. 30, p. 169-185, 2025.

POPKEWITZ, Thomas. Números em grades de inteligibilidade: dando sentido à verdade educacional. *In:* TURA, Maria de Lourdes; GARCIA, Maria Manuela Alves (org.). *Currículo, políticas e ação docente*. Rio de Janeiro: EdUERJ, 2013. p. 19-50.

PORTELLI, John. On defining curriculum. *Journal of Curriculum and Supervision*, [*s. l.*], v. 2, n. 4, p. 354-367, 1987.

RODRIGUES, Cristina Carneiro. *Tradução e diferença*. São Paulo: Fundação Editora Unesp, 2000.

RUINTENBERG, Claudia. Learning to articulate: from ethical motivation to political demands. *Philosophy of Education Archive*, Urbana, p. 372-380, 2010.

SANTIAGO, Silviano. *Glossário de Derrida*. Rio de Janeiro: Francisco Alves, 1976.

SISCAR, Marcos. Jacques Derrida, o intraduzível. *Alfa*, São Paulo, v. 44, n. especial, p. 59-69, 2000.

SISCAR, Marcos. O inferno da tradução. *In:* CARDOSO, Maurício Mendonça; WEINHARDT, Marilene (org.). *Centro, centros*: literatura e literatura comparada em discussão. Curitiba: Editora UFPR, 2011. p. 61-71.

SISCAR, Marcos. *Jacques Derrida*: literatura, política e tradução. São Paulo: Autores Associados, 2013.

STRAVAKAKIS, Yannis. *La izquierda lacaniana*. Buenos Aires: Fondo de Cultura Económica, 2010.

SZKUDLAREK, Tomasz. Semiotics on identity: politics and education. *Studies in Philosophy of Education*, [*s. l.*], v. 30, p. 113-125, 2011.

SZKUDLAREK, Tomasz. Identity and normativity: politics and education. *In:* SZKUDLAREK, Tomasz (ed.). *Education and the political*: new theoretical articulations. Rotterdam: Sense/EMCER, 2013. p. 61-74.

SZKUDLAREK, Tomasz. *On the politics of educational theory*. London: Routledge, 2017.

TALBOT, Daniel. School English and powerful knowledge: an exploration of two traditions. *English in Education*, [*s. l.*], v. 58, n. 3, p. 275-290, 2024.

THIESEN, Juares. O que há no "entre" teoria curricular, políticas de currículo e escola? *Educação*, Porto Alegre, v. 35, n. 1, p. 129-136, 2012.

THOMASSEN, Lasse. Antagonism, hegemony and ideology after heterogeneity. *Journal of Political Ideologies*, [*s. l.*], v. 10, n. 3, p. 289-309, 2005.

TORFING, Jacob. *New theories of discourse*: Laclau, Mouffe and Zizek. Massachusetts: Blackwell, 1999.

WINCH, Christopher. Curriculum design and epistemic ascent. *Journal of Philosophy of Education*, [*s. l.*], v. 47, n. 1, p. 1-17, 2013.

WOLFREYS, Julian. *Compreender Derrida*. Petrópolis: Vozes, 2009.

YOUNG, Michael. Taking sides against the probable: problems of relativity and commitment in teaching and the sociology of knowledge. *In:* JENKS, Chris (ed.). *Rationality, education and social organization of knowledge*. London: Routledge & Kegan Paul, 1978. p. 86-95.

YOUNG, Michael. *Knowledge and control*. New York: Macmillan, 1981.

YOUNG, Michael. Para que servem as escolas? *Educação & Sociedade*, Campinas, v. 28, n. 101, p. 1287-1302, set./dez. 2007.

YOUNG, Michael. Overcoming the crisis in curriculum theory: a knowledge based approach. *Journal of Curriculum Studies*, [s. l.], v. 45, n. 2, p. 101-118, 2013a.

YOUNG, Michael. Powerful knowledge: an analytically useful concept or just a 'sexy sounding term'? *Cambridge Journal of Education*, [s. l.], v. 43, n. 2, p. 131-136, 2013b.

YOUNG, Michael. Teoria do currículo: o que é e por que é importante. *Cadernos de Pesquisa*, São Paulo, v. 44, n. 151, p. 190-202, jan./mar. 2014a.

YOUNG, Michael. What is a curriculum and what can it do? *The Curriculum Journal*, [s. l.], v. 25, n. 1, p. 7-13, 2014b.

YOUNG, Michael. Michael Young e o campo do currículo: da "ênfase do conhecimento dos poderosos" à defesa do "conhecimento poderoso" — entrevista concedida a Paula Louzano e Cláudia Galián. *Educação e Pesquisa*, São Paulo, v. 40, n. 4, p. 1109-1124, 2014c.

YOUNG, Michael; MULLER, Johan. Verdade e veracidade na sociologia do conhecimento educacional. *Educação em Revista*, Belo Horizonte, n. 45, p. 159-196, 2007.

YOUNG, Michael; MULLER, Johan. Three educational scenarios for the future: lessons from the sociology of knowledge. *European Journal of Education*, v. 45, n. 1, p. 77-88, 2010.

YOUNG, Michael; MULLER, Johan. On the powers of powerful knowledge. *Review of Education*, [s. l.], v. 2, n. 1, p. 229-250, 2013.

ZIZEK, Slavoj. *Arriscar o impossível*: conversas com Zizek. São Paulo: Martins Fontes, 2006.

ZIZEK, Slavoj. *Como ler Lacan?* Rio de Janeiro: Zahar, 2010.

ZIZEK, Slavoj. *O ano em que sonhamos perigosamente*. São Paulo: Boitempo, 2012.

Documentos Citados

BRASIL. Ministério da Educação (MEC). Secretaria de Educação Média e Tecnológica (SEMTEC). *Parâmetros Curriculares Nacionais para o Ensino Médio*. Brasília, DF: MEC/SEMTEC, 1999.

BRASIL. Ministério da Educação (MEC). Secretaria de Educação Básica. *Orientações Curriculares Nacionais para o Ensino Médio*. Brasília, DF: MEC, 2006. 136 p.

BRASIL. Ministério da Educação (MEC). *Base Nacional Comum Curricular (BNCC)*. Brasília, DF: MEC, 2018a.

BRASIL. Ministério da Educação (MEC). *Base Nacional Comum Curricular (BNCC)*: ensino médio. Brasília, DF: MEC, 2018b.

SOBRE A AUTORA

ALICE CASIMIRO LOPES. Doutora em Educação pela Universidade Federal do Rio de Janeiro (UFRJ). Realizou estágio sênior na Northwestern University com Ernesto Laclau e pós-doutorado no Instituto de Estudos da Linguagem (IEL) da Unicamp com Marcos Siscar. É Professora Titular da Faculdade de Educação da Universidade do Estado do Rio de Janeiro (Uerj), atua no Programa de Pós-graduação em Educação e é Procientista nessa mesma instituição. É Cientista do Nosso Estado Faperj desde 2009 e bolsista de produtividade do CNPq desde 1998, hoje com nível 1 A. Coordena o grupo de pesquisa Políticas de Currículo e Cultura e tem livros, capítulos e artigos publicados sobre currículo, com foco nas políticas de currículo, no pensamento curricular e na teoria do discurso. Mais informações podem ser obtidas na página www.curriculo-uerj.pro.br e em ORCID https://orcid.org/0000-0001-9943-9117. Escreve também ficção e seus trabalhos literários podem ser conhecidos em @literatice e em https://literatice.com.br/.

LEIA TAMBÉM

TEORIAS DE CURRÍCULO

Alice Casimiro Lopes e Elizabeth Macedo

280 páginas • Formato: 16 x 23

ISBN: 978-85-249-1833-9

1ª edição (2011)

O objetivo neste livro é mostrar a construção de sentidos para o currículo, mas, ao mesmo tempo, levar o leitor a construir outros sentidos em diálogo com o percurso. Os capítulos deste livro são temáticos, ao mesmo tempo que incluem o pensamento de autores que lidam com os temas escolhidos. No geral, a seleção dos autores e obras foi definida pelos temas, mas também o desenrolar de alguns capítulos foi marcado pelo desejo de abordar uma determinada obra ou autor que parecem mais emblemáticos no tema em pauta. A intrínseca relação da atuação das pesquisadoras pode ser vista também na organização geral do livro, em que partiram da percepção da tradição intelectual do campo em direção aos três capítulos finais nos quais explicitam-se os conceitos de currículo e de política curricular com os quais operam as investigações. Espera-se, com isso, que este livro — como obra sinóptica — possa contribuir em cursos de graduação, Pedagogia e Licenciaturas em variadas áreas, e no pós-graduação, para que se conheça e se discuta uma possível interpretação do campo do currículo.

CURRÍCULO:
debates contemporâneos

Alice Casimiro Lopes e Elizabeth Macedo (Orgs.)

Série Cultura, Memória e Currículo - vol. 2

240 páginas • Formato: 16 x 23

ISBN: 978-85-249-0893-4

3ª edição (2002)

O pensamento curricular contemporâneo caracteriza-se por uma diversidade de questões marcadas pelo hibridismo teórico. Distante dos tempos em que o campo do currículo era delineado pelo enfoque técnico e instrumental, múltiplos enfoques teóricos se entrelaçam e se desdobram em uma pluralidade de concepções curriculares. Desse contexto híbrido e plural, selecionamos para este livro alguns dos importantes debates da atualidade, a fim de apresentar algumas das possibilidades investigativas, expressando a fertilidade teórica do campo. Pretendemos que esse conjunto de textos venha a ser uma possível iniciação ao campo do currículo para todos aqueles que atuam e refletem sobre educação. Especialmente em um tempo no qual o currículo vem adquirindo tamanha centralidade nas políticas educacionais, desenvolvidas sem o devido diálogo com os pesquisadores do campo e com aqueles que de fato realizam o currículo no cotidiano escolar, acreditamos ser importante ampliar a discussão sobre temas como diferença, cotidiano, tecnologias, espaços, tempos, poder, cultura, conhecimento e suas implicações curriculares.